Anekdotenschatz

Lauter Literaten

Johannes Twaroch

Anekdotenschatz
Lauter Literaten

Österreichische
Schriftsteller von A bis Z

Alle Rechte vorbehalten
© Kral Verlag GmbH
J. F.-Kennedyplatz 2, 2560 Berndorf, Tel. 0660/435 76 04
office@kral-verlag.at | www.kral-verlag.at

Für den Inhalt verantwortlich: Johannes Twaroch
Lektorat: Trude Helnwein
Umschlag und Buchgestaltung: Tina Gerstenmayer, D&K Publishing Service, Wien
Schrift: Calibri Light, Candara
Bildbearbeitung: Nikolaus Übelhör
Erschienen in Berndorf im September 2015
ISBN 978-3-99024-373-2
1. Auflage / Gedruckt in der EU

INHALTSVERZEICHNIS

Viele Leute betrachten die Literatur als eine Art Irrenhaus,
worin sie alles sagen dürfen,
was ihnen anderwärts die Zwangsjacke zuziehen würde.
Friedrich Hebbel

Literatur ist, wenn man trotzdem liest
Peter Handke

WIE, BITTSCHÖN, ENTSTEHT EINE ANEKDOTE?

Ja, wie eigentlich? Gute Frage. Man sitzt beisammen und plaudert. Der Spruch rennt. Man erinnert sich an frühere Zeiten. Wie war das damals? Man erzählt, wie es gewesen ist. Wie es vielleicht gewesen ist. So entsteht die Anekdote. Wahrheit oder Erfindung? Was besagt das schon. Historische Treue darf man nicht unbedingt erwarten. Bei Anekdoten gilt der Grundsatz: Wer weiß ob's wahr is. Und wenn's wahr is, ob's wirklich wahr is.

Das Anekdotenlexikon will keine Literaturgeschichte ersetzen. Es kann sie aber vielleicht ergänzen. Jedenfalls möchte es zur Beschäftigung mit Literatur und jenen, die sie hervorbringen, verlocken. Eine Anekdote kann ja, wie schon der alte Fontane wusste, zur Charakteristik eines Autors, einer Autorin mehr beitragen als manches erschöpfende germanistische Seminar.

Lassen Sie sich vom Begriff Literatur nicht abschrecken. Literaten (und-innen) sind keine Halbgötter, die über den Wolken wandeln. Sondern Menschen von Fleisch und Blut. Sie bekommen Zahnweh genauso wie unsereiner. Genauso Krampfadern, wenn sie lange stehen. Hämorrhoiden, wenn sie lange sitzen. Selbst die Großen, oder gerade sie, haben ihre mehr oder weniger liebenswerten Schwächen.

Ich war bemüht, auch Halbvergessenen und flüchtigen Genies nachzuspüren, deren Werk und Bonmots kaum einer mehr kennt. Die Sammlung ist naturgemäß unvollständig und kann keineswegs allen Ansprüchen gerecht werden. Sie enthält Wahres und Heiteres. Das Wahre ist leider nicht immer heiter. Aber das Heitere ist fast immer wahr.

Warum es so wenig Anekdoten von Zeitgenossen gibt? Es muss am Personal liegen. Die Literatur ist langweilig geworden. Die Damen und Herren Autoren nehmen sich selbst zu ernst. Was fehlt, ist das Beisammensitzen.

Die schöne Kunst der Konversation und damit die Anekdote ist – so scheint es – mit den Literatencafes ausgestorben.

Das Kaffeehaus war das Wohnzimmer der Literaten. Man hatte keinen Zweitwohnsitz im Weinviertel, knotzte nicht nächtelang vor dem Fernsehkastel. Um im Kollegenkreis bestehen zu können, musste man die verbale Florettechnik beherrschen. Wortwitz, verbunden mit rascher Reaktion. Sonst ist man rhetorisch hingerichtet worden. Das Anekdotenerzählen setzt Geselligkeit voraus. Es gehört dazu ein Auditorium. Und schließlich die gemeinsame Freude an der gelungenen Pointe.

ABRAHAM A SANCTA CLARA

1644–1709

braham a Sancta Clara kam als Ulrich Megerle zur Welt, berühmt wurde er unter seinem Klosternamen. Sein Vater, ein Gastwirt aus dem Badischen, war Leibeigener. Damit der Bub in Salzburg das Gymnasium besuchen durfte, musste sein Vormund erst die Genehmigung zur Entlassung erkaufen. Um zwölf Gulden, das entspricht nach heutigem Wert dem Preis einer Kuh, war er ein freier Mann.

Kaiser Leopold besuchte das Augustinerkloster in Wien und ließ sich vom Prior die Räume zeigen. Schließlich gelangte man in die Kirche, wo auf dem Altargemälde geflügelte Engel dargestellt sind, die auf einer Jakobsleiter vom Himmel niedersteigen. Der Kaiser betrachtete das Bild aufmerksam: Wie kommt es, sagte er, dass die Engel auf einer Leiter herumklettern? Sie haben doch Flügel! Betretenes Schweigen. Der Prior wusste keine Antwort. Da trat der Novize Ulrich Megerle vor und meinte: Halten zu Gnaden, Majestät. Die Engel werden damals just in der Mauser gewesen sein.

Leopold lachte und machte den schlagfertigen Mönch in der Folge zu seinem Hofprediger. Pater Fabelhans, wie seine Zuhörer ihn nannten, war bald der volkstümlichste und sprachgewaltigste Prediger der Stadt. In köstlichen Wortspielen zog er los gegen Betschwestern, Heuchler, untreue Ehemänner, keppelnde Frauen, gegen Scheinheiligkeit, Standesdünkel, Putzsucht und Modedummheiten. Es klingt wie ein modernes Schnadahüpfl, wenn er wettert:

> Meine alte Barbara sieht recht barbarisch aus,
> mit ihrem alten Bart macht sie mir recht viel Graus.
> Ich denke oft: o Barbara, o wär ich von dir frei
> und du mit deinem Barte wärst weit in der Barbarei!

Wenn es die Wiener, nach abgewehrter Türkennot und ausgestandener Pest im Fasching allzu toll trieben, donnerte er von der Kanzel herunter: Der Mensch ist wie eine Blume – heute vor dem Busen, morgen vor dem Besen! Und den Adeligen rief er zu: Hochgeboren ist auch der Storch, der auf den Kirchtürmen sein Nest baut!

Hochgeboren ist auch der Storch. Abraham a Sancta Clara.
Karikatur von Dieter Zehentmayr

Die allzu freizügigen Dekolletees der Hofdamen erregten seinen Zorn und er wetterte dagegen mit den Worten: Frauen, die sich so entblößen, sind nicht wert, dass man sie mit der Mistgabel anfasst! Die Kaiserin, die unter den Zuhörerinnen saß, fühlte sich betroffen und ließ dem Hofprediger ausrichten, dass er sein Amt riskiere, wenn er diese Formulierung nicht widerrufe. Am folgenden Sonntag ging Pater Abraham auf die Rüge ein: Ich habe neulich gesagt, Frauen, die sich schamlos entblößen, seien nicht wert, dass man sie mit der Mistgabel anfasst. Hiermit widerrufe ich feierlich und erkläre: Sie sind es wert!

Ein anderes Mal behauptete er in einer Ansprache, dass er alle Jung-frauen auf einem einzigen Schubkarren aus der Stadt hinausfahren könne. Das erregte begreiflicherweise böses Blut bei den Hofdamen. Sie verlangten, dass er die kränkenden Worte zurücknehmen müsse. Mit bösen Augen und bebendem Busen warteten sie auf den Widerruf. Peter Abraham beschwichtigte: Zurücknehmen kann und brauche ich das nicht. Ich habe nur vergessen zu sagen, wie oft ich fahren müsste!

In der Sakristei fand Pater Abraham einen an ihn gerichteten Brief ohne Absender. Darin stand das einzige Wort »Esel«. In aller Ruhe wandte er sich zum Mesner und zu den versammelten Ministranten: Ich habe schon gehört, dass einer einen Brief schreibt und vergisst, seinen Namen darun-ter zu setzen. Dass aber einer seinen Namen hinsetzt und vergisst, den Brief zu schreiben, erlebe ich zum ersten Mal.

Mit dem Grafen Trauttmansdorff schloss er eine Wette ab, dass er ihn öffentlich einen Esel nennen werde, ohne dass der Graf sich im geringsten beleidigt fühlen könne. Am Sonntag ist die Kirche dementsprechend bum-voll. Pater Abraham beginnt zu predigen. Er erzählt die Parabel vom dum-men Bauern, den man zum Bürgermeister gemacht hat. Bald schon folgt der Katzenjammer und im Wirtshaus entlädt sich das Missbehagen der Dorfbewohner: Und dem Esel vertraut man 's Dorf an!

Abraham a Sancta Clara war ein ungemein fleißiger Autor. Seine Bücher fanden reißenden Absatz. Ein Exemplar seines bekanntesten Buchs *Judas der Erzschelm* schickte Goethe seinem Kollegen Friedrich Schiller, als dieser am *Wallenstein* arbeitete. Passagen daraus verwendete Schiller für die Kapuzinerpredigt.

* * *

PETER ALTENBERG

1859–1919

Der Wiener Kaffeehaus-Diogenes, der jetzt traurig als Papiermaché-Puppe in der Kulisse des Cafe *Central* sitzt, hieß laut Taufschein Richard Engländer und entstammte einer reichen jüdischen Kaufmannsfamilie. In Erinnerung an die Stätte seiner ersten Liebschaft, das idyllische Altenberg an der Donau, nannte er sich in seiner ersten Veröffentlichung Peter Altenberg. Immerhin zählte er zu dem Zeitpunkt schon reife vierunddreißig Jahre.

Altenberg, damals noch Richard Engländer, war ein recht fauler Schüler. Am Theresianum musste er den Matura-Aufsatz wiederholen. Das Thema lautete: Der Einfluss der Entdeckung Amerikas auf die Kultur Europas. Nach langem Nachdenken schrieb Richard das gewichtige Wort: Erdäpfel. Kein Wunder, dass er zum zweiten Mal durchfiel.

Nach einem abgebrochenen Medizin- und Jusstudium versuchte er sich erfolglos als Buchhändler. Als die materielle Unterstützung des Elternhauses versiegte, beantragte er für sich eine Hausiererlizenz. In Cafes verkaufte er nachts ägyptische Zigaretten und selbst verfertigte Glasperlenschnüre. Im Behördendeutsch hießen sie »Kollier mit in Abständen sichtbar gemachter Schnur«. Auch Abführpillen und Ohrenstöpsel hatte er im Sortiment.

Alfred Polgar hat die äußere Erscheinung des glatzköpfigen Müßiggängers beschrieben: Karierter Anzug mit zu kurzen Hosen, den Ledergürtel sportlich umgeschnallt, klappernde Sandalen, die Zwickerschnur breit wie ein Messband, dazu ein keulenförmiger knolliger Stock. Als er einmal in diesem pittoresken Aufzug, in laute Selbstgespräche vertieft, über den nächtlichen Stephansplatz stapfte, rief ihm ein Wachmann zu: Sie! Herr! Sie erregen zu viel Aufsehen! – Zu wenig, entgegnete Altenberg. Zu wenig.

Eines Tages flatterte der Ehefrau des Verlegers Samuel Fischer ein in krakeliger Kinderschrift mehr bemaltes als geschriebenes Manuskript von einem völlig unbekannten Autor ins Haus. Da sie sich krank fühlte, las sie das seltsame Manuskript im Bett und brach, bevor sie fertig war, in Tränen aus. Samuel Fischer genügte dieses Argument des Herzens, er druckte das

Buch. Seither ging im Verlag das Wort um, dass bei S. Fischer ein Manuskript als angenommen gelte, wenn eine Träne der Gattin des Firmenchefs es benetzt habe. Die beweinten Blätter waren übrigens keine Schnulze, sondern die erste literarische Arbeit Altenbergs, die im Hotelbett hingekritzelte Skizzensammlung *Wie ich es sehe*.

Als Buchhandelslehrling hatte Altenberg sich eine gestochen schöne und gut lesbare Handschrift erworben. Das vorbildliche Kurrent führte zu einem skurrilen Briefwechsel mit seinem Verleger Samuel Fischer. Altenberg beklagte sich über die zahlreichen Druckfehler in seinen Büchern. Fischer antwortete launig, die Ursache sei doch evident. Altenberg habe die am besten entzifferbare Handschrift seiner Autoren. Weshalb er natürlich die jüngsten und am wenigsten erfahrenen Setzer mit den Vorarbeiten zum Druck beauftrage.

Peter Altenberg war ein Meister der pointillistisch hingetupften Kürzestprosa. Doch in den Parnass eingegangen ist er als Pumpgenie. Auf die Frage, warum er denn so viele und oft recht zweifelhafte Leute anpumpe, antwortete er: Die Zeiten sind so schlecht, dass man gezwungen ist vor Leuten die Hand aufzuhalten, denen man sie nie reichen würde.

Karl Kraus überlieferte den folgenden Dialog: Karl, gib mir zehn Kronen … Karl, nur zehn Kronen. – Ich hab 's nicht, Peter. Doch Altenberg lässt nicht locker: Karl, gib mir zehn Kronen, Karl … – Schau Peter, ich würd sie dir gern geben, aber ich hab 's wirklich nicht. Darauf Altenberg, mit selbstverständlicher Bereitwilligkeit: Ich borg's dir!

Am Altenberg-Stammtisch im Cafe *Central* wurde über Herrenmode gesprochen. Ich weiß nicht, sprach Altenberg, der Schneider sagt immer, für mich sei so schwer zu arbeiten. – Schwer? Warum? – Ich zahl nicht!

Wieder einmal in Geldnöten, trat Altenberg im Cafe *Central*, seinem Stammlokal, auf einen Bekannten zu und erklärte: Ich brauch zwei Kronen für ein Reisfleisch. Der Angepumpte spendierte großzügig das Geld, Altenberg setzte sich zu ihm an den Tisch und bestellte sein Reisfleisch. Nachdem die Mahlzeit vertilgt und bezahlt war, gestattete sich der Spender eine Frage: Wieso verlangen Sie von mir zwei Kronen? Dem Ober haben Sie nur eine Krone und zwanzig Heller bezahlt. – Hören Sie, fuhr Altenberg auf, haben Sie hier Extrapreise oder ich?

Einem Freund übergab er seine Uhr, damit er sie im Dorotheum versetze. Aber nimm nicht weniger als dreißig Kronen dafür, schärfte er ihm ein. Tu dann das Geld in einen Umschlag und bring mirs ins *Central*. Und wenn ich dort mit jemandem sitze, dann sag, das schickt der französische Botschafter mit den besten Empfehlungen. Der Freund schlich mit düsterer Miene ins Cafe *Central*, wo Altenberg mit Bekannten saß, und sagte: Der französische Botschafter lässt sich empfehlen, aber mehr als fünfzehn Kronen kann er für die Uhr nicht geben.

Für Altenberg war das *Central* mehr als ein Kaffeehaus, es war geradezu seine Heimat. In Kürschners Literatur-Kalender lautete die ihn betreffende Eintragung: Altenberg, Peter. Novellist, Privatier. Adresse: Wien I., Herrengasse, Cafe *Central*. Als er einmal als Gast einer befreundeten Dame in der Schweiz weilte, stand er fasziniert vor dem Panorama der Bergwelt: Schön haben Sie es hier! Sehr schön. Aber im *Central* ist es doch am schönsten, gelt?

Für seinen Stammtisch im *Central* hatte Altenberg Verhaltensregeln aufgestellt. Zum Beispiel: Das Wort Popo oder Ähnliches ist tunlich zu vermeiden. Politische Gespräche haben über die Phrase: Ich glaube, in Amerika brandelts, nicht hinauszugehen! Gespräche über Goethe haben nicht in eine der grässlichen Anrempelungen des Hugo von Hofmannsthal auszuarten!

Ein Jahr schon wütete der Krieg. Der Sensenmann mähte sich Schwielen an die Hand. Im *Central* kam der Kadett Ressek auf den Dichter zu: Herr Altenberg. Ich war acht Monate im Feld. Ich habe zwei Bücher im Schützengraben mitgehabt: Ihre *Fechsung* und die Bibel. – Sehr nett, sehr liebenswürdig. Aber wozu die Bibel?

Die Schauspielerin Lina Loos, die Frau des Architekten, war mit Peter Altenberg auf dem Semmering. Nachdenklich blieben sie vor einer pompösen Villa stehen: Das ist eine wirkliche Tragödie, Lina. Hier hat einer der reichsten Männer gewohnt. Er hat alles gehabt, was ein Mensch sich wünschen kann: eine schöne Frau, ein Auto, eine herrliche Villa auf dem Semmering, alles. Und dieser Mensch hat sich erschossen. – Erschossen? Um Gottes willen, Peter, warum? – Wegen finanzieller Schwierigkeiten.

Der Bohemien Altenberg besaß nie eine eigene Wohnung, er wohnte sein Lebtag lang im Hotel. Wieder einmal auf Quartiersuche, besichtigte er ein Zimmer im Grabenhotel in der Dorotheergasse und erkundigte sich nach dem Preis. Zehn Kronen täglich, hieß es. Wenn Sie für eine Woche mieten, ermäßigt sich der Preis auf acht Kronen. – Und für einen

War gestern die kälteste Nacht? Peter Altenberg.
Zeichnung von Karl Hollitzer

Monat? – Sagen wir: sieben Kronen. – Einverstanden. Peter überlegte. Dann in vollem Ernst: Ich möchte das Zimmer ganz umsonst. Wie lange muss ich da bleiben?

1913 bezog er im Grabenhotel, wenn auch nicht ganz umsonst, ein festes Quartier: das einfenstrige Zimmer Nr. 33 unterm Dach, das er bis zu seinem Tod bewohnte. Er besaß dort sogar einen eigenen Briefkasten (heute im Historischen Museum der Stadt Wien zu sehen), in den ihm das Stubenmädchen zweimal am Tag die Post einwarf.

Altenberg war ein Gesundheitsapostel, er beachtete strenge Diätvorschriften und behauptete, er schlafe selbst in der kältesten Nacht des Jahres bei offenem Fenster. Eines Tages sagte ein Stammgast des *Central*: Peter, ich bin gestern nachts am Grabenhotel vorbeigegangen, aber Ihr Zimmerfenster war geschlossen. – Na und? erwiderte Altenberg, war gestern die kälteste Nacht des Jahres?

Ein muffiger Keller in der Wiener Wollzeile beherbergt das Kabarett *Simpl*. An der Bar wurde Abend für Abend ein junger Mann beobachtet, der offenkundig in näherer Beziehung zur Bardame stand. Wer ist der Bursch? fragte man. Wovon lebt er, wenn nicht von dem Mädchen? Peter Altenberg wehrte ab: Aber nein, das ist ein exotischer Prinz, steinreich, der hier studiert. Ein feiner Herr mit besten Manieren, höflich, rücksichtsvoll, gebildet … Ja, aber wovon lebt er denn nun eigentlich? unterbricht man Altenbergs Wortschwall. Verblüffte Antwort: Na, er hat doch das Mädel!

In diesem Apollotheater, sagte Altenberg, herrscht doch die großartigste geschäftliche Regie. Es ist so genial kalkuliert, dass sie nie zugrunde gehen können! – Ja wieso denn? fragte Egon Friedell, wie ist das denn möglich? – Na, es wird allein an den Programmen und Garderoben so viel verdient, dass sie drauskommen, selbst wenn kein einziger Mensch ins Theater geht!

Ein junger Journalist erhielt von seiner Redaktion den Auftrag, eine Rezension über Altenbergs neues Buch zu verfassen. Unsicher wie er war, fragte er beim Dichter an, was für besondere Gesichtspunkte er berücksichtigt sehen wolle. Was für Gesichtspunkte? Lang soll es sein. Und lobend.

Erstes Kaffeehaus im Prater. Am Tisch Adolf Loos und Peter Altenberg. Ein Bettelkind fleht mit gefalteten Händen um eine milde Gabe. Loos: Unerhört, so ein Kind betteln schicken! Und noch dazu ohne die geringste Gegenleistung. Nicht einmal Zündhölzer! Altenberg: Ist Ihnen der Anblick von diesem entzückenden Naserl nicht wertvoller als eine Schachtel Zündhölzer? – Warum haben Sie dann der Kleinen nichts gegeben, wenn Sie so entzückt sind? Altenberg abschließend: Weil ich der Schönheit wertvollere Tribute zu entrichten habe als Geld!

Der vermeintliche Habenichts und ewige Schnorrer hinterließ ein Barvermögen von sagenhaften 130.000 Kronen, nach heutigem Geldwert rund ebenso viel Euro, die er der Kinder-Schutz- und Rettungsgesellschaft vermachte. Auf seinem Grabstein wollte er nur vier Worte haben: Er liebte und sah! Karl Kraus hielt im Zentralfriedhof die Grabrede: Ein Narr verließ die Welt und sie bleibt dumm.

LUDWIG ANZENGRUBER

1839–1889

D er junge, theaterbegeisterte Ludwig Anzengruber zog hungernd und frierend von Bettelschmiere zu Bettelschmiere. Er war stark kurzsichtig und trug, wenn er nicht auf der Bühne stand, Brillen mit flaschendicken Gläsern. Bei der vazierenden Schauspieltruppe Radler wirkte er in dem Trauerspiel *Heinrich von Schwerin* mit. Da passierte es ihm, dass er seiner Partnerin, die vor Lampenfieber glühend rote Backen hatte, textgerecht zurief: Prinzessin sehen sehr blass aus! Ein Lachsturm brach los. Um sein Missgeschick gutzumachen, änderte er den Text des nächsten Auftritts und sagte: Das liebliche Rot auf Euren Wangen, Prinzessin, verrät mir Eure Stimmung. Das Publikum wieherte. Der kurzsichtige Mime hatte nicht bemerkt, dass die Prinzessin inzwischen mit Hilfe des Schminkmeisters erblasst war.

Anzengruber befand sich zeitlebens in wirtschaftlichen Nöten, doch er war ein gewissenhafter Schuldner und zahlte seine Rückstände immer pünktlich auf Gulden und Kreuzer zurück. Ein Freund hatte ihm einen Hunderter geliehen. Der Rückzahlungstermin war längst verstrichen, der Freund rührte sich nicht. Besorgt setzte sich Anzengruber an den Schreibtisch und schrieb: Lieber Freund, wie Du weißt, schulde ich Dir Geld. Ich kann deswegen jetzt keine Nacht ruhig schlafen. Warum mahnst Du nicht endlich?

Um sich durch ein regelmäßiges Monatseinkommen finanziell abzusichern, übernahm Anzengruber die Redaktion der Satire-Zeitschrift *Figaro*, was Peter Rosegger den bitteren Kommentar abnötigte: Der größte Tragiker unserer Zeit muss ein Witzblatt machen! Ein tragischer Witz bei meiner Seel, man möchte Tränen lachen.

Im Sommer 1873 bewohnte Anzengruber samt Frau und Mutter die Zimmer 8 und 9 im Gasthof *Zum goldenen Strauß* in Wolkersdorf im niederösterreichischen Marchfeld. Er schrieb dort im Rekordtempo die Bauernkomödie *Der G'wissenswurm*. Die Uraufführung im Theater an der Wien war nicht sonderlich erfolgreich. Der Autor, der selten Theater besuchte, sah sich jede Vorstellung an. Einem Bekannten erzählte er: I hab mir das Stück vielleicht

Es geht nichts über einen schattigen Garten.
Ludwig Anzengruber in der Sommerfrische in Lunz bei Gaming.
Karikatur von Ernst Juch

ein halbs Dutzend mal angschaut. Nur zu meim Vergnügen. Weils so gut gspielt ham. Und wissen S', jedes Mal hab i mi in an andere Losch setzn können.

Das neue Theater am Weghuberpark wurde mit Anzengrubers Volksstück *Der Fleck auf der Ehr* eröffnet. Es gab viele Ehrungen für den Autor, sein Name wurde zwischen Nestroy und Raimund in Goldbuchstaben an die Wand des Theatergebäudes geschrieben. Jetzt steh i zwischen zwei Toten, soll Anzengruber damals gesagt haben. Da werd i auch bald drankommen. Wenige Monate später, kurz nach seinem fünfzigsten Geburtstag, erlag er einer Blutvergiftung. Seine sterblichen Reste ruhen in einem Ehrengrab im Wiener Zentralfriedhof. Der Bildstock trägt ein bronzenes Porträtmedaillon, den Fuß des Marterls umklammert die Gestalt der Magdalena Reindorfer aus dem *Schandfleck*.

* * *

HANS CARL ARTMANN

1921–2000

S einen Geburtsort Sankt Achatz am Walde hat der Schustersohn aus der Kienmayergasse in Wien-Bradnsee frei erfunden. Es ist ein Ort, der auf keinem Atlas, in keinem Messtischblatt verzeichnet ist, in den Katastern nicht geführt wird. Fünf Jahre war Artmann im Krieg. In einem Schützengraben an der Ostfront traf ihn die Kugel aus einem russischen Maschinengewehr. Das Langenscheidt-Wörterbuch Spanisch-Deutsch in seiner Uniformtasche lenkte sie ab und rettete ihn vor dem sicheren Tod. Zehn Tage nach Kriegsende stellte er sich den US-Truppen vor: I am an author – und wurde zum Ami-Dolmetscher. Er lebte von der Hand in den Mund, arbeitete in der Komparserie des Burgtheaters, lungerte im Cafe *Hawelka* herum und machte Werbung für Humanic-Schuhe.

Durch einen Freund, der für den Filmboss Alexander Korda als Fahrer arbeitete, bekam er die Chance, in dem Film *Der dritte Mann* mitzuwirken. Doch die kurze Szene mit dem ambitionierten Kleindarsteller, der den Satz »Was halten Sie von James Joyce?« in breitestem Ottakringerisch bringt, wurde rausgeschnitten.

Als er mit schwarzer Tinte die *gedichta r aus bradnsee* zu Papier brachte, war die um gut zwanzig Jahre jüngere Monika Platzer, das gut bürgerliche Töchterl eines Ministerialrats im Landwirtschaftsministerium, seine Muse. Sie fiel bei der Matura durch und heiratete den ORF-Reporter Teddy Podgorsky. Für Mona schrieb er sein erstes Dialektgedicht. Es lautet:

> gima dei haund / das e glaub i hoed / a glans woedfogal /
> in da mein – / a nochtegoe.
> gima dein odn / das e s ned fagis / jetzt en winta /
> wia de luft is / in schbedn abrü . . . undsoweiter.

Seine Trinksitten mit Wolfgang Bauer schilderte HC folgendermaßen: Wir trinken nicht um zu vergessen, sondern um uns zu erinnern. Oder aus purer Lust. Wir sind doch keine Alkoholiker. So Bravotrinker halt, wenn man es so nennen könnte. So dass man hinterher sagt: Zwanzig Krügel hab ich hinuntergehaut! Ein blauer Landeshäuptling attakierte ihn daraufhin

Zwanzig Krügel hab ich hinuntergehaut. H. C. Artmann.
Zeichnung von Dieter Zehentmayer

als einen jener privilegierten Staatskünstler, Subventionsritter und Sozial-
schmarotzer, die zu Steuerschuldnern werden, weil sie alle Preisgelder
beim Branntweiner gelassen haben.

Während einer nächtlichen Zugfahrt von München nach Berlin, die Artmann schlaflos verbrachte, fiel ihm ein junger Mann auf, der ruhelos durch
die Gänge wanderte. Er wollte mit dem Mann in ein Gespräch kommen,
um sich die Zeit zu vertreiben, traute sich jedoch nicht, ihn anzusprechen.
Am Abend darauf wurde in Berlin der Studentenführer Rudi Dutschke unweit von Artmanns Wohnung niedergeschossen. Am Tatort sah er, dass
eben jener Mann verhaftet war, den er im Zug getroffen hatte.

Artmann war es gewohnt, Auszeichnungen entgegenzunehmen. I hab schon alle Preise dies gibt, prahlte er mit einer Prise Selbstironie. Als die Salzburger Universität ihm anlässlich seines siebzigsten Geburtstags den Ehrentitel eines Doktors honoris causa, abgekürzt h. c., verlieh, feixte der Jubilar: Den hab i nur angnommen, weil i damit a echter Doktor werd. Ma kann ja net sagen Dr. h. c. H. C. Artmann.

WYSTAN HUGH AUDEN

1907–1973

Sechzehn Sommer, achtundachtzig Monate lang lebte der angloamerikanische Poet in der 2400-Seelen-Gemeinde Kirchstetten an der Westbahn. In Hinterholz Numero 6 bewohnte er mit seinem Kumpel Chester Kallmann ein umgebautes Bauernhaus. Dort entstanden Gedichtbände und ein Opernlibretto für Hans Werner Henze. Eine Figur darin ist Caroline Gräfin von Kirchstetten.

Einen Brief an seinen Jugendfreund T. S. Eliot datierte er: Kirchstetten, Maria Himmelfahrt. Prompt adressierte Eliots Sekretärin dessen Antwort: To Mrs. Maria Himmelfahrt, Kirchstetten, Niederösterreich.

Auden war Professor für Poetry in Oxford. Sein Lehrplan ist nicht so skurril, wie er auf den ersten Blick anmutet: Englisch; eine Sprache des klassischen Altertums wie Griechisch oder Hebräisch und zwei moderne Sprachen; tausend Verszeilen in diesen Sprachen auswendig lernen; als einzige praktische Übung das Verfassen von Parodien. Literaturkritische Werke waren aus der Bibliothek verbannt. Dichtung solle, so meinte er, nicht wie ein Blumenstrauß behandelt werden: Sind sie nicht hübsch? Riechen sie nicht gut? Obligatorisch für jeden Studenten war die Pflege eines Haustiers und eines Schrebergartens.

Auden war ein klobiger Mann, das Leguangesicht von Falten zerknittert, die Haare fett und strähnig, die Hose ausgebeult. Er heiratete Erika Mann,

Buried in Kirchstetten. Wystan Hugh Auden.
Zeichnung von Oliver Schopf

die Tochter des Nobelpreisträgers, damit sie einen britischen Pass bekomme und Nazideutschland verlassen könne. Man sah sich am Hochzeitstag zum ersten Mal.

Mit seinem Lebensgefährten Chester Kallmann, dem Wiener Gerichtsmediziner Wilhelm Holczabek und anderen Promis war der Poet beim Grafen Colloredo eingeladen. Das Mittagessen ist vorbei, man begibt sich zum

Plaudern in den Salon. Der Mediziner reißt das Gespräch an sich, ödet die Gäste an mit einer Jereminade über sein berufliches Leid: Ihm und seinen Studenten stünden keine Leichen zur Verfügung. Niemand vermache seinen Körper der Anatomie. Die trauernden Angehörigen entzögen ihre Toten dem Zugriff der Spitäler. Auden wird immer unruhiger, die Füße in den berühmten Filzpatschen scharren ungeduldig über den Parkettboden. Plötzlich springt er auf: Chester, we must go! Schon sind die beiden dahin.

Zwei Jahre darauf, nach einer Vorlesung im Palais Palffy, starb Auden in einer Fremdenpension in der Wiener Walfischgasse an den Folgen eines Herzinfarkts. In einem Brief hatte er prophetisch geschrieben: Ich werde wahrscheinlich in einem Hotel sterben, zum großen Ärger des Managements. Aber ich nehme an, wenn 's so weit ist, wird 's keiner tragisch nehmen.

Der Zimmerboy entdeckte die Leiche, fand einen amerikanischen Pass und verständigte die Botschaft der Vereinigten Staaten. Dort kannte man keinen Auden, und so wurde der unbekannte Verblichene, da die Todesursache ungeklärt war, zur Autopsie gebracht. Und wer bemächtigte sich der Leiche? Professor Holczabek, wer sonst?

Was von dem zerfitzelten Körper übrig blieb, liegt in einem schlichten Grab in seinem geliebten Kirchstetten. Eine rotbraune Marmortafel im Poet's Corner der Westminster Abtei zu London, dem Pantheon der englischen Literatur, trägt den lapidaren Vermerk: Buried in Kirchstetten.

* * *

INGEBORG BACHMANN

1926–1973

W ie ein Komet stand Ingeborg Bachmann über der Literaturland-
schaft der Sechzigerjahre. Nachdem sie die Gruppe 47 erobert
hatte, brachte *Der Spiegel* sie aufs Titelbild. Die Kollegen neideten
ihr den Erfolg. Ihr ehemaliger Gönner Hermann Hakel denunzierte sie
als apokalyptische Sybille. H. C. Artmann äußerte weniger klassisch: Die
Bachmann is a arrogante Gurken.

Vom Frühjahr bis zum Sommer 1951 arbeitete Ingeborg Bachmann beim
amerikanischen Besatzungssender Rot-Weiß-Rot, zunächst als Schreibkraft,
dann im Script Department. Hier entstand der legendäre Straßenfeger *Familie
Floriani*, zu dem sie fünfzehn Folgen beitrug. In den Mittagspausen kritzelte
sie an den Gedichten für ihren Band *Die gestundete Zeit* und legte sie dem
Redaktionskollegen Jörg Mauthe zur Korrektur vor. Als er einmal aus einem
»Gewitter der Dornen« ein »Gewitter der Rosen« machte, schrie sie auf: Aber
Dornen sind doch eine Metapher für Blitze. Ohne die Dornen stimmt das
ganze Bild nicht! Mauthe wischte den Einwand weg: Gewitter der Rosen ist
poetischer. Und reden Sie nicht von Bildern, davon verstehen Sie nichts!

Ingeborg Bachmann wirkte derartig hilflos und ängstlich, dass ihre Kollegen, Neider und Bewunderer sich darin überboten, diesem scheuen Reh
wo immer es ging aus seinen kleinen und großen Nöten zu helfen. Um ihr
eines der begehrten deutschen Rundfunkhonorare zukommen zu lassen,
lud Joachim Kaiser die junge Klagenfurterin ein, Kafkas Romanfragment
Amerika für den Hessischen Rundfunk zu besprechen. Der Sendetag näherte sich, das Manuskript aber nicht. Notruftelegramm an die Autorin.
Schließlich, im allerletzten Moment, ein Manuskript. Wunderbare Sätze
über Kafka – nur leider viel zu kurz. Joachim Kaiser füllte die Rezension mit
eigenen Sätzen auf, und keiner merkte die Doppelvaterschaft.

Für ihr Hörspiel *Der gute Gott von Manhattan* erhielt die Dichterin den
renommierten Hörspielpreis der Kriegsblinden. Verlegen trippelt sie zum
Preisempfang, zitternd erklettert sie das Podium, da stürzt der preisver-
leihende Minister auf sie zu, packt die Entgeisterte an Arm und Schulter.

Was? Sie sind gar nicht blind? Ingeborg Bachmann.
Karikatur von Winnie Jakob

Und als sie sich mit leise gehauchten Worten diese körperliche Aufdringlichkeit verbittet, stammelt er erschrocken: Was? Sie sind gar nicht blind?

Wenn man Ingeborg Bachmann um eine Zueignung bat, pflegte sie irgendeine Stelle aufzuschlagen und mit dem Kugelschreiber auf eine beliebige

Zeile zu tippen. Diese schrieb sie dann in das Buch. Und so besaß zum Beispiel Marcel Reich-Ranicki einen Band mit der sinnigen Widmung: Bleibe guter Geist ihm hold.

Ich muss aufpassen, dass ich mit dem Gesicht nicht auf die Herdplatte falle, mich selbst verstümmle, verbrenne, schrieb die Dichterin in einer schrecklichen Prophezeiung am Ende ihres Romans *Malina*. Zwei Jahre später verkohlte sie in einem römischen Hotelzimmer, das die tablettenabhängige Kettenraucherin mit ihrer Zigarette in Brand gesteckt hatte.

HERMANN BAHR

1883–1934

Hermann Bahr war Wortführer der Dichtergruppe des jungen Wien. Als einflussreicher Kritiker und erfolgreicher Autor wurde er immer wieder um seine Protektion gebeten. Einmal erhielt er ein fünfaktiges Trauerspiel mit der Bitte um sein Urteil zugesandt. Zum Schluss hieß es großspurig: Wenn Sie etwas an dem Werk auszusetzen haben, dürfen Sie mir ruhig ohne Umschweife Ihre Meinung sagen. Selbst Ihr Tadel würde mich adeln. Bahr sandte das Werk dem lobhungrigen Verfasser zurück mit der Randbemerkung: Von mir aus können Sie sich als Erzherzog betrachten.

Ein junger Dichterling legte dem Poetenvater seine Ergüsse vor: Ich habe sie wie im Champagnerrausch geschrieben. Was halten Sie davon? Bahr überflog das Geschreibsel stirnrunzelnd. Dann reichte er die Verse dem Verfasser zurück mit den Worten: Junger Freund, werden Sie Antialkoholiker!

Ein von seinem Genie überzeugter Nachwuchsautor enthüllte seinen Plan, einen Novellenband herauszubringen, allerdings nicht unter eigenem Namen. Er habe an irgendein landläufiges Pseudonym gedacht, etwa Hans Hansen oder Rudolf Schmid. Bahr schüttelte missbilligend den Kopf: Das finde ich nicht nett von Ihnen, gleich ein paar Dutzend unschuldige Menschen in Verdacht zu bringen.

Werden Sie Antialkoholiker! Hermann Bahr.
Kohleskizze von Emil Orlik

Eine Zeitlang arbeitete Bahr als Kritiker beim *Neuen Wiener Tagblatt*. Er erinnerte sich: Ich sitze an meinem Schreibtisch, da stürzt der Redaktionsbote herein: Herr Bahr, der Chef lässt Ihnen sagen, dass der Herr Doktor Nietzsche gestorben ist. Sie sollen schreiben einen Nachruf. Aber nicht zu lobend!

Bahr wollte eine Reise nach Russland unternehmen, besaß allerdings nicht genug Geld. Ich schreib halt erst die russische Reise, verkündete er am Kaffeehaustisch, und fahr für das Honorar hin nachschauen, ob's stimmt.

Der Mode entsprechend trug Bahr einen patriarchalischen Bart, der oft und oft angestaunt wurde. Alexander Girardi und Josef Jarno, der Direktor des Ausseer Kurtheaters, saßen im Salzkammergut-Schnellzug, als Bahr zustieg. Eine Weile fuhr er seinen schönen Bart spazieren, dann empfahl er sich. Nachdem er fort war, meinte Girardi: Ich glaub, mit an Entreelied müsst der sehr wirken.

Vielleicht nicht wahr, aber jedenfalls gut erfunden ist die folgende Bartgeschichte: In einer Buchhandlung pirschte sich eine schöngeistige Dame an Bahr heran mit der ehrfurchtsvollen Frage: Sie sind doch Theodor Däubler? Bahr lächelte, halb ärgerlich, halb belustigt über die Verwechslung. Sie lassen sich durch den Bart verwirren, mein Fräulein. Ich trage zwar einen Bart wie Theodor Däubler, aber ich bin nicht Däubler, sondern Johannes Brahms. – Natürlich, hauchte die Dame, jetzt weiß ich's. Sie haben dieses Buch geschrieben ... Ich hab's zu Hause ... Wie heißt es gleich? – Sie meinen *Brahms Tierleben*, kam ihr Bahr galant zu Hilfe, zog den Hut und verließ mit wallendem Bart den Laden.

* * *

WOLFGANG BAUER

1941–2005

In das gängige Schema von links und rechts lassen sich engagierte Autoren nicht einordnen. Nach einer Aufführung von *Magic Afternoon* fragte in der anschließenden Diskussion ein bärtiger Jüngling, ob der verehrte Herr Autor schon für Vietnam gespendet habe. Bauer geistesgegenwärtig: Meinen Sie Nord- oder Südvietnam?

Nach der Aufführung von *Singapore Sling* in einem Theaterchen in San Francisco feierte Wolfgang Bauer in einem italienischen Lokal. Unter den Premierengästen befand sich der städtische Hauptsheriff. Im Lauf des Abends landete er beim Kartenspiel mit dem steirischen Dramatiker, einem begnadeten, risikofreudigen Pokerspieler. Der Sheriff hatte wenig Glück, verlor und verlor. Nach einem Royal Flush übergab er Uniformkappe und Sheriffstern. Als der Sheriff das Lokal verließ, mahnte Bauers Verleger Ulrich Schulenburg: Geh, Wolfi, das kannst aber net behalten! Er nahm ihm die beiden Trophäen ab, um sie dem Besitzer zurückzuüberantworten. Der war jedoch bereits samt Chauffeur in einer Dienstlimousine entschwunden. Am nächsten Morgen befragte man den Theaterdirektor, wohin man Kappe und Stern zurückschicken solle. Der lachte breit: Das dürfe man behalten. Beides sei in hundertfacher Ausführung vorhanden und werde als Souvenir an Gäste verschenkt.

Bei einem Aufenthalt in Paris wollte Wolfgang Bauer den Dramatiker Eugène Ionesco besuchen. Nach stundenlangem Warten in dessen Wohnung wurde er endlich vorgelassen. Dabei stellte sich heraus, dass er es mit Eugène Ionescu, dem Installateur, zu tun hatte, nicht mit dem berühmten Autor der *Nashörner*.

Bauers Stammlokal war der Grazer Gambrinuskeller, das Gamberl. Und seine Leibspeise dortselbst ein südamerikanisches Gericht namens Lombo, ein Schweinsjungfernbraten mit Reis und Zwiebelsalat. Das Lokal schloss bald nach dem Tod des Stammgasts infolge Publikumsschwunds. Im Hinblick auf Bauers Trinkgewohnheiten äußerte der Schweizer Literat Urs Widmer: Seine Leber möchte ich persönlich nicht kennen lernen.

Meinen Sie Nord- oder Südvietnam? Wolfgang Bauer,
gezeichnet von Winnie Jakob

Das Theatergenie ruht im Grazer Zentralfriedhof in einem Ehrengrab neben dem Volksschauspieler Rudolf Carl. Bauers Schulfreund Xandi Grill, er lieferte die Vorlage für eine Figur in *Change*, saß im Flugzeug, als er aus der Zeitung erfuhr, dass Wolfi sich vom Leben abgemeldet hatte. Er kaufte im Souvenir-Shop eine Flasche Enzian, fuhr im Taxi zum Friedhof und verschüttete den Hochprozentigen auf dem Grab. Das Ritual hatten sie sich gegenseitig bei einer Enzian-Verkostung am Schöckl versprochen.

EDUARD VON BAUERNFELD

1802–1890

Eduard von Bauernfeld lieferte dem Hofburgtheater jahrzehntelang Salonstücke, auch in einer Zeit, als die Salons infolge Gesinnungszwängen und der Angst vor Bespitzelung verwaisten. Sein Lustspiel *Großjährig*, das sich über das in allen Fugen krachende Metternichsche System und dessen Repräsentanten lustig macht, löste einen handfesten Skandal aus. Von der sonst so ehrbaren Bühne des kaiserlichen Theaters herab wurde der Staatskanzler in der Gestalt eines bornierten Vormunds verspottet, der ständig die Regierungsformel »Abwarten!« im Mund führt. Der Wirbel war so groß, dass Kaiser Ferdinand sagte: Das Stück muss i mir anschauen.

Bei einem Wohltätigkeitsabend der Schriftstellervereinigung Concordia wirkte der Geiger Josef Hellmesberger mit. Der Saal folgte mit schweigender Andacht seinem Spiel. Nur Bauernfeind, der im Alter halt schon recht schwerhörig war, unterhielt sich ungeniert mit seinem Nachbarn. Und als Hellmesberger gerade bei einem Pianissimo ankam, lachte er lauthals heraus. In der Pause kam man im Künstlerzimmer zusammen. Hellmesberger stellte den Störenfried zur Rede: Nein, hören Sie, das hat mich schon gekränkt, dass Sie bei meinem Solo gelacht haben. Und als Bauernfeld sich lächelnd entschuldigen wollte: Nehmen Sie sich an mir ein Beispiel. Hab ich je in einem Ihrer Lustspiele gelacht?

* * *

VICKI BAUM

1888–1960

Für ihren Erfolgsroman *Menschen im Hotel* betrieb Vicki Baum gründliche Milieustudien. Sie nahm Unterricht bei dem türkischen Preisboxer Sabri Mahier, der das achtundvierzig Kilo schwere Persönchen täglich eine Stunde lang am Punching-Ball trainieren ließ. Außerdem verdingte sie sich als Stubenmädchen im Hotel *Kaiserhof* in Berlin, gegenüber der Reichskanzlei. Der dortige Hausknecht gab ihr den Rat: Frollein, jehnse lieber inne Familie. Hier kriegense bloss Schweißfiesse vons Rumloofen auf de dicken Teppiche!

In ihrem Roman *Marion* hat Vicki Baum das Dilemma einer jungen Frau geschildert, die neben ihrem Gatten einen Freund hat und daher nicht mit Sicherheit sagen kann, von wem sie ihr Kind erwartet. Vom Zeitalter der Gen-Tests war man ja noch jahrzehntelang entfernt. Die amerikanische Presse witterte einen Skandal und schickte einen Reporter, der herauskriegen sollte, wie weit der Roman auf autobiographischen Grundlagen beruhe. Verblüfft von so viel Unverfrorenheit dementierte Vicki Baum ziemlich erregt: Wie sollte das Buch denn autobiographisch sein? Ich kenne ja den Vater meiner beiden Buben! Im Magazin *Time* erschien daraufhin ein Bild der Autorin mit der Textzeile: Vicki Baum kennt Vater ihrer Kinder! Vicki Baums Mann, der Dirigent Richard Lert, der sich gerade auf Gastspielreise befand, telegrafierte daraufhin aus Paris: sehr verbunden für bestaetigung der urheberschaft.

Vicki Baum war schon 1931 nach Amerika ausgewandert. Sie schrieb dort ihre spannenden, in viele Sprachen übersetzten Kolportageromane. Ein Wiener Emigrant, der die berühmte Autorin bei einer Hollywoodpremiere kennen lernte, war überrascht von ihrer blendenden Erscheinung und ihrer jugendlichen Ausstrahlung. Sie sind ja blond und sooo jung, versuchte er ein Kompliment. Ich war der Meinung, Sie seien grauhaarig und viel älter! Die derartig Angestaunte sagte darauf nur ein Wort: Stimmt!

Ihre Bücher verfasste Vicki Baum übrigens auf englisch. Die deutschen Übersetzungen kommentierte sie als schnoddrig und scheußlich: Es ist ja ein bisschen komisch, die eigenen Bücher in die eigene Muttersprache übersetzt zu finden.

KONRAD BAYER

1932–1964

Konrad Bayer hat sich auf schauerliche Weise umgebracht, indem er in der Wohnung einer Freundin den Kopf bei geöffneten Gashähnen ins Backrohr des Küchenrechauds steckte. In einem frühen Gedicht ist zu lesen: Wenn der Sonntag den Tod umsonst verschenkt, steh ich am Fenster und warte. Nach der Beerdigung gingen H. C. Artmann und Gerhard Rühm in den Prater um Papierblumen zu schießen. Die legten sie im Morgengrauen auf das frische Grab im Hernalser Friedhof und riefen: Konrad, kumm außa, du Oaschloch!

Als Konrad Bayer den Kollegen von der Gruppe 47 seinen Roman *der sechste sinn* vorstellte, erntete er nur mäßigen Erfolg. Auf einem Briefumschlag charakterisierte er die Mitglieder der linksgewirkten Literatenvereinigung wie folgt: Reich-Ranicki – Trottel; Fritz Raddatz – Feind; Walter Jens – beschränkt; Günter Grass – eingleisig; Peter Rühmkorf – Depp. Der Philosoph Ernst Bloch urteilte über den Text: Das ist alles sehr gemütlich und gleichzeitig sehr unheimlich.

RICHARD BEER-HOFMANN

1866–1945

Richard Beer-Hofmann, der Schöpfer des wunderbaren *Schlaflieds* für seine Tochter Miriam, das in keiner Lyrik-Anthologie fehlt, war ein unendlich sorgfältiger und dementsprechend langsamer Arbeiter. Drei Dramen, eine Novelle, ein paar Gedichte – das ist die ganze literarische Ausbeute seines Lebens. Egon Friedell, das Enfant terrible der Wiener Literaturszene, verbreitete über ihn: Beer-Hofmann hat soeben die letzte Zeile seines Sonetts *Psalter* in Angriff genommen. Er hofft, die Arbeit daran noch in diesem Jahr zu beenden.

Das Trauerspiel *Der Graf von Charolais* ist das einzige Werk des Dichters, das einen gewissen Erfolg auf der Bühne errang. Nach der Premiere erklärte der Autor: Also, ich halte das Stück für ausgezeichnet. Wenn ich mich irre, so soll Gott geben, dass ich nie dahinterkomme.

Die Sommerurlaube verbrachte Beer-Hofmann so wie viele seiner Literaten-Kollegen alljährlich in Aussee. Als er wieder einmal sein Quartier beim Seewirt bezogen hatte, äußerte er nach einem ersten Rundgang zu seinem Wirt, es sei ihm aufgefallen, dass viele Gasthäuser neuerdings renoviert seien. Ob nicht auch er sein Haus ein wenig modernisieren wolle? – Wozu, erwiderte der Wirt. Meine Herren Juden kommen auch so.

Theodor Herzl, der Gründer des Judenstaats, war auch Burgtheaterautor. In Aussee wollte er den Kollegen Beer-Hofmann, Hofmannsthal und Schnitzler auf einer Plätte aus seinem neuen Lustspiel vorlesen. Kaum hatte das Gefährt abgelegt, schon öffnete er das Manuskript und begann zu rezitieren. Das ist nicht fair, maulte Beer-Hofmann. Jetzt, wo man nicht aussteigen kann!

Bei einem Empfang des Verlegers Samuel Fischer traf Beer-Hofmann den nahezu gleich alten, bereits weltberühmten Gerhart Hauptmann. Die beiden Kollegen standen, das Sektglas in der Hand, eine Zeit lang im Gespräch beisammen. Als es beendet war, stürzte eine beflissene Dame auf Beer-Hofmann zu: Was hat denn Gerhart Hauptmann zu Ihnen gesagt? – Ich erinnere mich nicht, antwortete Beer-Hofmann leicht gereizt. Aber vielleicht fragen Sie Hauptmann, was ich zu ihm gesagt habe!

Seinen Lebensabend verbrachte Beer-Hofmann als Flüchtling in New York, im Stadtteil Manhattan, gegenüber der riesigen Kathedrale Saint John the Divine. Jeden Morgen trat er ans Fenster und sagte: Es tut gut, auf so viele Kubikmeter versteinerter Transparenz zu schauen. Die alten Möbelstücke mussten verkauft werden. Ein Freund, selbst Jude, eröffnete damit ein Antiquitätengeschäft. Dort sieht es aus wie bei Beer-Hofmann, hieß es unter Wiener Emigranten, die noch die Villa in der Wiener Cottagegasse gekannt hatten.

Im New Yorker Bekanntenkreis wurde über die Emigration diskutiert. Es sei halt recht schwer, stellte man resigniert fest, in der Fremde Wurzeln zu schlagen. Wozu brauch ich denn Wurzeln? sagte der weise alte Mann. Ich hab ja Flügel …

THOMAS BERNHARD

1931–1989

Thomas Bernhard kam als unehelicher Sohn einer Salzburger Hausgehilfin zur Welt. Sein Vater war ein Tischlergeselle namens Alois Zuckerstätter. Das Kind hat ihn nie kennen gelernt, er beging, dem Alkohol verfallen, in Berlin Selbstmord. Als der Bub fünf Jahre alt war, heiratete seine Mutter den Friseur Emil Fabjan. Der kleine Thomas und der spätere Papst Benedikt XVI. besuchten in Traunstein in Oberbayern dieselbe Schule. In der Pfarrkirche Sankt Oswald, die in der Erzählung *Ein Kind* beschrieben ist, feierte der junge Josef Ratzinger seine Primiz.

Bevor der Insel-Verlag das Manuskript seines ersten Romans *Frost* zur Veröffentlichung angenommen hatte, war der junge Autor drauf und dran, als Entwicklungshelfer nach Afrika zu gehen. Das verzögerte sich, weil überraschend der Vermittler starb.

Der Roman *Frost* hatte Thomas Bernhard den Staatspreis eingebracht. Die Verleihung benützte er zu einer Generalabrechnung. Die Österreicher seien apathisch, Mittel zum Zweck des Untergangs, Geschöpfe der Agonie. Das löste beim Unterrichtsminister Doktor Piffl-Percevic eine heftige Reaktion aus. Er rief: Wir sind trotzdem stolz, Österreicher zu sein! Und verließ unter Applaus den Saal. Die nächste Ehrung, der Anton-Wildgans-Preis, wurde dem Autor sicherheitshalber per Post zugestellt.

In seinem Theaterstück *Der Ignorant und der Wahnsinnige* schrieb Thomas Bernhard vor, am Ende der Vorstellung müsse vollständige Dunkelheit herrschen. Der Regisseur fand, das sei eine wunderbare Idee. Die Theaterpolizei war weniger angetan und verbot das Abschalten der Notlichter. Unmittelbar nach der Uraufführung wurde das Stück abgesetzt. Auf Bernhards wütende Frage, was denn das für eine Gesellschaft sei, die fünf Minuten Finsternis nicht ertragen könne, entgegnete Friedrich Torberg: Was ist das für ein Stück, das ohne fünf Minuten Finsternis nicht auskommt?

Bernhards größenwahnsinniger Theatermacher Bruscon, der auf vergammelten Wirtshausbühnen seine Menschheitskomödie aufführt, hat sein reales Vorbild in dem ehemaligen Burgtheateridol Oskar Werner, der

Sechseinhalb Millionen Debile und Tobsüchtige. Thomas Bernhard.
Karikatur von Ironimus

in seiner letzten Lebensphase als künstlerisches und menschliches Wrack durch niederösterreichische Dörfer tingelte und mit seinen einstmaligen Hollywood-Triumphen renommierte.

In dem Soloprogramm *Der Billeteur* schilderte der Kabarettist Erwin Steinhauer die Uraufführung von Bernhards *Jagdgesellschaft* im Burgtheater: Der war eh auch selber drin. Die Generalprob hat er sich angschaut. Am dritten Rang is er gsessen, dass eam kana sieht. Zehn Minuten nach der Pause is er mitn verkrampften Gsicht aussegrennt. Hat die Gardaroberin zu eam gsagt: Gellns, der Herr, des is heut wieda a Schas. Wollma schons Manterl ham?

Die hoch subventionierten Staatskünstler Gerhard Roth und Peter Turrini hatten dem Sonnenkönig Bruno Kreisky zum siebzigsten Geburtstag mit einem schleimig kriecherischen Protzband gehuldigt. Bernhard veröffentlichte daraufhin im Magazin *profil* einen Gastkommentar, in dem es von blumigen Schimpfwörtern wimmelt: Kreisky sei ein Halbseidensozialist, ein rosaroter Beschwichtigungsonkel, ein renitent gewordener Spießbürger. Weitere Bezeichnungen: Höhensonnenkönig, alternder, selbstgefälliger Staatsclown. Kreisky milde: Na, wenn's ihm gesundheitlich nützt.

Mit seinem Stück *Heldenplatz* hat Bernhard den größten Theaterskandal der Nachkriegsgeschichte ausgelöst. Er behauptet darin ja unter anderem, in Wien gäbe es mehr Nazis als anno Achtunddreißig und in Österreich lebten sechseinhalb Millionen Debile und Tobsüchtige. Im Kulturkampf, der um das Stück entbrannte, wurde der Autor von den Rechten attackiert, während die Linken für ihn auf die Barrikaden kletterten. Später entdeckte eine Germanistin: Bernhard war Mitglied des ÖVP-Bauernbunds, auf seinem Traktor prangte ein Messingschildchen »Thomas Bernhard vulgo Bauer zu Nathal« und im Reisepass stand die Berufsbezeichnung Landwirt. Die Roten hatten für einen Bauernbündler gekämpft, die Schwarzen einen Parteifreund geprügelt. Die lustigsten Anekdoten schreibt halt doch das Leben.

Der letzte in der Öffentlichkeit erschienene Text Bernhards ist ein Leserbrief in der *Salzkammergut-Zeitung* vom 12. Jänner 1989, in dem sich der Schriftsteller für den Erhalt der Gmundner Straßenbahn einsetzte.

* * *

RICHARD BILLINGER

1890–1965

Im Linzer Landestheater wird Richard Billingers Schauspiel *Der Gigant* aufgeführt. Der Intendant bittet wie üblich die Presse zu einem Hintergrundgespräch, Autor, Verleger, Regisseur und Bühnenkünstler sind anwesend. Billinger lässt die anderen reden. Der Regisseur lobt die für die Substantialität des bayrisch-österreichischen Phänomens signifikante Interpretation seiner Hauptdarstellerin. Jetzt wird es Billinger zu bunt, mit einem Zwischenruf beendet er das Geschwafel: Aber na, schlecht wars. Weils alleweil mitm Oasch gwackelt hat.

Einem interessierten Kreis las Billinger sein jüngstes Theaterstück vor. Es war heiß im Raum, er geriet ins Schwitzen. Nach dem ersten Bild bat er die Zuhörer, den Rock ausziehen zu dürfen. Nach dem zweiten legte er die Krawatte ab und öffnete den Kragenknopf. Nach dem dritten krempelte er die Hemdsärmel hoch. Beunruhigt fragte eine Dame in der zweiten Reihe ihre Sitznachbarin: Sagen Sie, wie viele Bilder hat denn das Stück?

Das Kulturamt der Stadt Linz hatte den Autor zu einer Lesung in den Rathaussaal geladen. Billinger kam ohne Manuskript, nur mit einem zerknitterten Zettel, auf dem er ein paar Gedichttitel notiert hatte. Wanns gnua habts sagsts es, forderte er das Publikum auf. Mitten im Vortrag blieb er stecken. Er runzelte die Brauen, schüttelte die Künstlermähne und gestand: I woaß nimma weita. Aber es macht nix. Es war eh a schlechts Gedicht.

In einem Bauerntheater in Tirol erlebte Billinger ein Passionsspiel, in dem nicht nur die bekannten sieben letzten Worte des Erlösers am Kreuz gesprochen wurden, sondern deren acht. Das »vergib ihnen, denn sie wissen nicht, was sie tun« war verklungen, auch das »mich dürstet« und schließlich »es ist vollbracht!« Da setzte unter den Zuschauern eine solche vernehmbare Rührung ein, ein so lautes Schluchzen und Schnäuzen, dass der Darsteller des Gekreuzigten das achte Wort prägte: Bittschön, mehr Ruhe da unten!

Als Homosexueller war Billinger, der wie Adolf Hitler aus dem Innviertel stammte, im Dritten Reich in einer heiklen Situation. Einmal war er wegen

»widernatürlicher Unzucht« von den Nazis eingesperrt. Er kam frei, nachdem die Schauspielerin Käthe Dorsch sich an Marschall Göring um Vermittlung gewandt hatte. Andererseits lieferte er BluBo-Stücke, in denen das gesunde Landleben gepriesen wird. Er stand unter Beobachtung der Gestapo und erhielt die höchsten Literaturpreise. Redakteuren des *Völkischen Beobachters* zeigte der Blut-und-Boden-Dichter eine massive Holzplatte, die er als seinen Schreibtisch ausgab. Die Platte stamme aus dem Innviertler Heimatdorf seines Großvaters, der sie als Schlachttisch verwendet hatte, und in den Kerben und Schrunden des Tisches sei noch »das schwärzliche Blut der Schlachttiere eingekrustet«, ohne das er die Schöpferkraft verliere.

In seinem Exil in den Bergwäldern von Vermont verfasste Carl Zuckmayer für den amerikanischen Geheimdienst Dossiers über Kulturschaffende, die nach der nationalsozialistischen Machtübernahme in Deutschland geblieben waren. Zu den »Nazis, Anschmeissern, Nutznießern, Kreaturen« zählte er unter anderen Arnolt Bronnen, Richard Billinger und Karl Heinrich Waggerl. Sein Urteil über Richard Billinger: Er ist ein degenerierter Bauer, eitel, rachsüchtig, vollkommen unzuverlässig, unglaublich feige und jederzeit zu jedem Verrat bereit, besonders an solchen Leuten, die er hasst, weil er ihnen etwas zu verdanken hat, und die seine Maske primitiver Urwüchsigkeit durchschaut haben.

* * *

HERMANN BROCH

1886–1951

Obwohl er bei der Matura in Mathe nur ein knappes Genügend geschafft hatte (und ein Befriedigend in Deutsch), hielt Hermann Broch sich für den geborenen Mathematiker. Das erste Gedicht in seinen gesammelten Werken heißt *Mathematisches Mysterium*.

Jurys werden immer in der Kritik stehen. Ihre Entscheidungen sind niemals objektiv, können es gar nicht sein. Als Broch für den Literaturpreis der

Stadt Wien vorgeschlagen werden sollte, sagte der Präsident der Genossenschaft demokratischer Autoren, der neben Hans Weigel und anderen in der Jury saß: Nobelpreis meinetwegen, Preis der Stadt Wien, nein!

Robert Neumann hatte in London eine österreichische Filiale des PEN-Clubs eröffnet. Sie verwandelte sich im Jahre 1938 nach dem Einmarsch der braunen Horden in eine Auffangstelle für vertriebene Schriftsteller, die auf ihr Visum warteten. Unter den Antragstellern war eines Tages der aus der Ausseer Haft entlassene Hermann Broch. Wieder ein paar bedeutende Schriftsteller? fragte der Visabeamte. Diesmal der bedeutendste, sagte Neumann. Und erhielt das Visum, obwohl man ihm nicht glaubte. Jedem Einwanderer standen für die Verpflegung monatlich dreieinhalb Pfund zu, rund zwanzig Euro. Damit Broch nicht verhungerte, erfand Neumann eine mitreisende Gattin dazu, so kassierte er doppelt.

Die Entbehrungen, Demütigungen und Enttäuschungen der Emigration ertrug Broch mit stoischem Gleichmut. In Princeton schrieb er an seinem Hauptwerk *Der Tod des Vergil*. Als der Roman allen Widrigkeiten zum Trotz vollendet war, verlangte der amerikanische Verleger Gutachten. Thornton Wilder, Aldous Huxley und andere schrieben Expertisen, doch der Verlag wollte immer neue Stellungnahmen. Schließlich tröstete Ernst Bloch den Autor: Du kannst noch von Glück reden, dass der Verlag dich nicht nach der Anschrift von Vergil gefragt hat, um auch ihn um ein Gutachten zu bitten.

Als *Der Tod des Vergil* endlich in New York erschien, wurde er ein bedeutender Prestigeerfolg, der dem Autor beinahe den Nobelpreis eingetragen hätte (tatsächlich gekriegt hat ihn Winston Churchill). Broch wunderte sich: Übersetzungen ins Französische, Spanische, Schwedische, Tschechische und Italienische stehen in Aussicht. Ich frage mich, ob das Buch nicht doch von Stefan Zweig geschrieben ist. In dem Roman findet sich übrigens der längste Satz der deutschen Literatur. Er enthält sage und schreibe 1077 Wörter.

Schriftsteller zu sein war nach Brochs Auffassung ein Schicksal; österreichischer Schriftsteller zu sein ein Malheur. Zur Veranschaulichung dieses Standpunkts schrieb er aus Amerika an einen Freund: Es gibt eine hübsche Negergeschichte hier: Ein Neger bekommt von seinem Boss einen Whisky. Gefragt, wies geschmeckt hat, sagt er: Just right, boss, exactly just right. – What do you mean with that? – Well, boss. If the whisky would have been a little better, y'wouldn't have given it me. And if it have been a little worse,

I wouldn't have could drinking it. Genau das ist unser Verhältnis zu unserem Schicksalslos, just exactly right.

Broch war ein notorischer Schürzenjäger, ein richtiger Frauenheld und Seitenspringer. Er hatte acht Verlobte, mitunter gleichzeitig, unter ihnen Gustav Mahlers Tochter Anna, die Schriftsteller-Kollegin Gina Kaus und Ea von Allesch, das Modell von Gustav Klimts *Wasserschlangen*-Bild. Als er, vom Schlag getroffen, hilflos dalag, kamen alle und suchten nach ihren Briefen. Erst jetzt erfuhren sie, dass er verheiratet war.

ARNOLT BRONNEN

1895–1959

A rnolt Bronnen, Sohn eines jüdischen Wiener Mittelschullehrers, hieß ursprünglich Bronner. Um eine Stellung als Dramaturg des neuen Deutschen Fernsehens zu ergattern, musste er seinen jüdischen Vater loswerden. Und so zwang er seine Mutter, ihn vor Gericht als Frucht einer außerehelichen Beziehung zu deklarieren. In erster Ehe war er mit Olga Förster-Prowe verheiratet, die gleichzeitig auch eine Geliebte von Hitlers Propagandaminister Joseph Hinkebein Goebbels war. Sogar die Hochzeitsnacht verbrachte sie mit Goebbels.

Bronnen war krankhaft ehrgeizig. Um aufzufallen, verwendete er prinzipiell nur Kleinbuchstaben ohne Interpunktion. Interpunktion ist Charaktersache, tadelte ihn Karl Kraus. Wer darauf verzichtet, besitzt keinen Charakter. Und richtig, nach Hitlers Machtergreifung wurde der ehemalige Kampfgefährte und Freund Bert Brechts Nationalsozialist. Nach dem Krieg änderte er neuerlich seine politische Gesinnung, ging in die Deutsche Demokratische Republik und wurde Mitglied der kommunistischen Partei.

* * *

Eine wirkliche Giftspritze.
Elias Canetti,
gezeichnet von Loredano

ELIAS CANETTI

1905–1994

Canetti war ein Nachfahre sephardischer Juden – Canetti heißt auf Spaniolisch Priesterchen. Er wuchs in Bulgarien mit der spanischen Sprache auf. Deutsch, die Sprache, in der er seine Werke verfasste, erlernte er erst im Alter von acht Jahren. Thomas Bernhard verhöhnte ihn als Aphorismen-Agent der Jetzt-Zeit, als Spätlingsvater und skurrilen Torschluss-Philosophen. Hilde Spiel bezeichnete ihn lapidar als wirkliche Giftspritze.

Ein heftiges Pantscherl unterhielt er mit der Bildhauerin Anna Mahler, der Tochter des Hofoperndirektors, die mit dem Komponisten Ernst Krenek verheiratet war. Eine weitere seiner zahlreichen Liaisonen verband ihn mit der einer jüdischen Adelsfamilie entstammenden Malerin Marie-Louise von Motesiczky. Als sie vom Doppelleben ihres Geliebten, von einer Ehefrau und einem Kind erfuhr, malte sie ihn als Ratte zwischen ihren nackten Schenkeln. Das Bild wurde im Vorjahr um 31.000 Euro versteigert.

In Oxford, er unterrichtete Chemie an der berühmten Uni, hatte Canetti eine heftige Affäre mit seiner Kollegin Iris Murdoch. Am liebsten treibt er es in einem Sessel, verriet sie. Er hält mich wild zwischen seinen Knien, packt mich am Haar und reißt mir den Kopf nach hinten. Er unterjocht mich vollständig. Während das Paar es im Wohnzimmer selbstvergessen trieb, vergnügte sich die Ehefrau Veza mit den Töpfen am Küchenherd. Das Abendessen danach genossen sie zu dritt.

Der Literatur-Nobelpreisträger liegt im Friedhof Fluntern in Zürich, am Waldrand, nicht weit weg von James Joyce, unter einer niederen Steinplatte, auf ihr sein Name, darunter die Namen von Veza und Hera, seiner ersten und zweiten Ehefrau.

IGNAZ FRANZ CASTELLI

1781–1862

Als Buchhaltungspraktikant der niederösterreichischen Landstände war Castelli von der Last der Arbeit keineswegs erdrückt. Obwohl die Amtsstunden im Landhaus um Neun begannen, traf er manchmal erst um viertel Zwölf ein, wenn schon die Glocke der gegenüberliegenden Minoritenkirche zur letzten Messe rief. Als er wieder einmal besonders spät an seinen Schreibtisch schlich, erwartete ihn sein Vorgesetzter mit gezückter Taschenuhr und dem Verweis: Ich habe Sie wiederholt zur Pünktlichkeit ermahnt. Heute ist es schon wieder ein Viertel nach Elf. – Pardon, entgegnete Castelli ungerührt und zog seinerseits die Taschenuhr. Ihre Uhr geht nach, es ist bereits halb Zwölf.

In seiner Anekdotensammlung *Bären* erzählte Castelli von zwei Gicht-kranken, einem Behm und einem Wiener, die sich einer Kur unterziehen und vom Badediener kräftig frottiert werden. Der Wiener brüllt vor Schmerz. Der Behm lächelt verschmitzt vor sich hin. Ich bewundere Ihre Ruhe, mit der Sie Schmerzen ertragen, sagt der Wiener. Es muss Ihnen doch genauso weh tun wie mir. Daraufhin der Behm mit der ganzen pfiffi-gen Einfalt, die man hundert Jahre später dem Soldaten Schwejk nachrüh-men wird: Hat me gar net weh tan, hab ich Krankenwärter foppt. Hab ich gesunde Fuß zum Frottieren geben.

Die Streiche, die Castelli aussheckte, muten heute zum Teil recht harmlos an. So bat er beispielsweise einen Kollegen, der eine Reise antrat, ihm dann und wann eine Nachricht zukommen zu lassen. Der Kollege hielt Wort. Schon in der dritten Poststation sandte er auf Castellis Kosten einen Eilboten mit der Depesche: Lieber Freund, ich befinde mich wohl. Zähne-knirschend bezahlte Castelli die kostspielige Stafette. Nach einiger Zeit er-hielt der Scherzbold eine unfrankierte Kiste nachgeschickt. Als er die nicht geringen Frachtgebühren beglichen hatte, fand er darin einen Steinbro-cken und einen Zettel des Inhalts: Lieber Freund! Bei der Nachricht von Deinem Wohlbefinden ist mir beifolgender Stein vom Herzen gefallen.

Ans Tragikomische grenzt Castellis Berührung mit der großen Politik. Als Österreich sich dazu durchgerungen hatte, den Kampf gegen Napoleon aufzunehmen, dichtete er im nationalen Überschwang ein Kriegslied, das der Erzherzog Johann in hunderttausendfacher Auflage unters Volk brin-gen ließ. Daraufhin erging im fernen Paris ein Steckbrief gegen den anti-napoleonischen Verseschmied. Und als der Korse in Richtung Wien marschierte, bekam es der Poet mit der Angst zu tun. Er beschwor Kaiser Franz, einem Transport von auszulagernden Geheimakten und Staatsur-kunden als Begleiter zugeteilt zu werden. Befremdet musterte der Mo-narch den schlotternden Bittsteller: So? Kriegslieder hat Er dicht? Ja, wer hat Ihm denn das gschafft?

Castelli war Direktionsmitglied der Wechselseitigen Brandschaden-Ver-sicherungsanstalt. Eines Morgens kamen zwei Bauersleute, Mann und Frau, in seine Wohnung, jammerten, ihr Haus sei abgebrannt mitsamt Vieh und Frucht und allen Habseligkeiten. Sie bäten in Gottes Namen um eine kleine Beisteuer. Warum seid ihr denn nicht versichert? fragte Castelli. Haben sie mich als Ungor nicht angänommen, bittesähr, klagte der Mann. Nun wollte Castelli ein Zeugnis von der Herrschaft oder vom Richter sehen, dass sie wirklich Abbrändler seien. O uram, seufzte der Arme, Aufweisung ist auch mit värbrannt, bittesähr.

Castellis ganze Liebe galt den Tieren, er ist nicht nur als Schriftsteller und Witzbold, sondern auch als Gründer des Tierschutzvereins in die Annalen eingegangen. Er wolle nachmittags zum Tierspital hinausfahren, teilte er einst seinem Diener mit. Worauf der prompt zurückfragte: Bleiben Euer Gnaden draußen oder kommen S' wieder zurück?

Zu den Besitztümern des Staatskanzlers Metternich gehörte das Weingut Johannisberg im Rheinland. Metternich bat Castelli um eine eigenhändige Widmung für seine Autographensammlung. Castelli schrieb auf das Blatt: Vom Haupt des Wiener Cabinetts erhielt ich 50 Flaschen Johannisberger Cabinett. Castelli. Die Quittung wurde eingelöst.

Wie die meisten seiner Autorenkollegen war Castelli ein geschworener Feind der Zensur. Gleich sein erstes Stück *Der travestierte König Lear* wurde mit dem Bemerken verboten, dass ein König nicht lächerlich gemacht werden dürfe. Ein anderes Mal geschah es, dass der Zensor anordnete, den Vers »Treibe nicht mit Heilgem Spott / und bedenk, es lebt ein Gott« dahingehend zu ändern, dass an die Stelle des Wortes Gott das Wort Himmel gesetzt werde, womit natürlich der schöne Reim im Kübel war. Der gekränkte Dichter rächte sich an dem verhassten Polizeipräsidenten Sedlnitzky, indem er sich zwei Hunde anschaffte, die er Sedl und Nitzky nannte und in der Öffentlichkeit zum Gaudium des Publikums stets in dieser Reihenfolge unter Hinzufügung eines kräftigen »Kusch« zu sich rief.

Für einen Freund dichtete der Witzbold den Grabspruch: Hier liegt ein Epigrammenschreiber, / der über Ärzte und über Weiber / im Leben immer losgezogen. / Sie rächten sich an ihm darum: / Sein Weib hat ihn betrogen, / sein Doktor brachte ihn um. Castelli ist in Hütteldorf begraben. Auf seinem Grabstein steht: Hier liegt ein Mann, der treu ergeben / der Kunst gewesen und der Ehr. / Er war nicht viel in seinem Leben, / und jetzo ist er gar nichts mehr.

* * *

PAUL CELAN

1920–1970

Nach einem Anagramm, einer Buchstabenumstellung, bastelte Paul Ancel sein Pseudonym. Als verfolgter Jude floh er mit siebenundzwanzig Jahren aus seiner Heimatstadt Czernowitz nach Wien. Die surrealistische Zeitschrift *Plan* druckte seine ersten Gedichte. Die berühmte *Todesfuge* über Hitlers Vernichtungslager, ein Schlüsselgedicht der Epoche, nahm der Herausgeber Otto Basil aus Platzgründen nicht in die Veröffentlichung auf.

Mit hochgespannten Erwartungen reiste Celan im Frühjahr 1952 zur Tagung der Gruppe 47 nach Niendorf an der Ostsee. Es war sein erster Aufenthalt in Deutschland. Ich war so neugierig auf meine Begegnung mit jungen deutschen Autoren, erzählte er. Ich fragte mich, worüber sie wohl reden werden. Und worüber haben sie geredet? Über Volkswagen.

Die versammelte Kollegenschaft der Gruppe 47 lachte ihn aus, als er in rhythmisch singendem Tonfall die *Todesfuge* vortrug. Sein berühmtes Gedicht mit der geflügelten Sentenz »Der Tod ist ein Meister aus Deutschland« hat er einem Gedicht seines Jugendfreunds Immanuel Weissglas, na, sagen wir: nachempfunden. Es enthält wörtliche Übereinstimmungen, die nicht zufällig sein können.

Nachdem Celan in Paris auf offener Straße einen Passanten angefallen hatte, brachte man den Tobenden in eine psychiatrische Klinik. Vier weitere Aufenthalte folgten. Im November 1965 versuchte er seine Frau mit einem Messer zu töten. Zwei Jahre später stieß er sich selbst ein Küchenmesser in die Brust. Schließlich sprang er von einer Brücke in die Seine. Sein Leichnam wurde zehn Tage später von einem Fischer gefunden – zehn Kilometer flussabwärts von jener Brücke, von der er gesprungen war. Auf dem Schreibtisch in seiner Wohnung lag eine aufgeschlagene Hölderlin-Biographie. Der Dichter hatte einen Satz mit blauem Stift dick angestrichen: Manchmal wird dieser Genius dunkel und versinkt in den bitteren Brunnen seines Herzens. Paul Celan liegt im Pariser Thiais-Friedhof begraben. Ganz in der Nähe liegt Joseph Roth.

FRANZ THEODOR CSOKOR

1885–1969

In den wilden Zwanzigern, als in Berlin der Expressionismus Triumphe feierte, schickte das Burgtheater Franz Theodor Csokor als Spion an die Spree. Er sollte Stücke ausfindig machen, die für den Wiener Spielplan geeignet wären. Csokor absolvierte seine Runde bei den Theatern und kabelte, begeistert von Arnolt Bronnens neuestem Schauspiel: empfehle dringend vatermord! Bei der Heimreise warteten an der Grenze schon die Gendarmen auf ihn und es kostete den Auftraggeber einige Mühe, seinen Theaterspion vor der Anklage zur Anstiftung zum Vatermord zu bewahren.

Als echtes Kind der Vielvölker-Monarchie hatte Csokor serbische, deutsche, tschechische und magyarische Vorfahren. Der Name bedeutet im Ungarischen »Strauß«. Als sein erstes Stück auf die Bühne kam, verstand er davon kein einziges Wort. Denn die Uraufführung erfolgte in Budapest in einer Sprache, die er trotz seines magyarisierten Namens nicht verstand.

Csokor war ein grundgütiger, liebenswerter Mensch und ein echter Bohemien. Er lebte in größter materieller Anspruchslosigkeit. Fürs Leben gern ließ er sich zum Essen einladen. Ein für seine üppigen Gastmähler bekannter Industrieller bat ihn für den nächsten Tag zum Mittagessen. Tut mir wahnsinnig leid, das geht leider nicht, wiegelte Csokor ab. Morgen geht's nicht, aber übermorgen, wenn's recht ist. – Gut, dann übermorgen. Und wer, wenn ich fragen darf, hat dich denn für morgen eingeladen? – Morgen, strahlte Csokor, hat mich schon deine Frau eingeladen.

Wie sehr Csokors Lebensweise die eines Bohemiens war, merkte man seiner beharrlich unaufgeräumten Wohnung an. Auf dem Schreibtisch lagerte ein wüstes Durcheinander von turmhoch gestapelten Büchern, Broschüren, Manuskripten, Bürstenabzügen, Essensresten, Gläsern, und was sich als Decke über das Sofa breitete, war zweifelsfrei einer der Fenstervorhänge. Alfred Polgar, zu Besuch bei dem Kollegen, hatte eine Zigarette angezündet und blickte sich suchend um. Würde es Sie stören, fragte er, wenn ich die Asche in den Aschenbecher gebe?

Csokor war häufiger und gern gesehener Gast in Carl Zuckmayers Wiesmühle in Henndorf. Er schrieb dort sein Drama *3. November 1918*. Als

Franz Theodor Csokor an der Schreibmaschine.
Zeichnung von Le Rüther

wieder einmal seine Barmittel zum Erwerb einer Bahnkarte nach Wien nicht reichen wollten, steckte Frau Alice Zuckmayer ihm unter irgendeinem Vorwand hundert Schilling zu. Nach der Abreise kamen die Köchin und das Hausmädchen strahlend zur Hausfrau: So ein liebenswürdiger Gast, der Herr Tchokki! Jeder von uns hat er fünfzig Schilling gegeben. Das wär doch net notwendig gewesen!

Vom *Neuen Wiener Journal* wurde Csokor mit dem Burgtheaterring geehrt. Er trug das Schmuckstück voll Stolz, musste dann aber, um die erste Zeit seiner Emigration zu finanzieren, den darin gefassten Brillanten verkaufen. Hinfort trug er den Ring ohne Stein und nannte ihn nur noch das Burgtheaterloch.

Beim Einmarsch der Nazihorden war Csokor freiwillig emigriert, ohne dazu aus rassischen Gründen gezwungen zu sein. Für ihn hieß es: Man muss sich entscheiden. Entweder – oder. Gutes Geschäft oder gutes Gewissen. Als er nach zehnjähriger Odyssee sein Stammcafe *Herrenhof* betrat, hörte er, während er den Mantel an den Garderobenständer hängte, bereits den Ober Franz bestellen: Teeschale weiß, passiert, sehr heikel, für Herrn Csokor! Dann kam der Ober an den Tisch und begrüßte den Gast: Meine Verehrung, Herr Csokor. Waren verreist? Friedrich Torberg hat dem zuvorkommenden Ober Franz in der *Tante Jolesch* einen berührenden Nachruf gewidmet.

Csokor, PEN-Präsident mit schneeweißen Dichterlocken und zweifelhaft sauberem Hemd, war ein Kaffeehausmensch und Gasthausesser, ein Sitzenbleiber bis über die Sperrstunde hinaus. Ulrich Schulenburg, Geschäftsführer des Sessler Verlags, erzählt gern, wie Csokor sich seine Vorschüsse holte: Er ging nie hinauf ins Büro, er blieb unten im Hof und rief: Zweitausend! Oder vielleicht nur: Zweihundert! Oben steckte man das Geld in ein Kuvert und warf es hinunter. Csokor fing es geschickt auf in seiner Pullmannkappe.

Zu jener Zeit, als der Erwerb einer anständigen Mahlzeit für viele Künstler ein Problem war, wurde Csokor von Egon Friedell im gastfreundlichen Haus Mahler-Werfel auf der Hohen Warte eingeführt; bei einem Abendessen, zu dem zwar Friedell, nicht aber Csokor eingeladen war. Friedell stellte ihn der Hausherrin vor mit den Worten: Du weißt, Alma, ich trinke nur. Da habe ich dir meinen Esser mitgebracht.

Der Verleger Paul Zsolnay erzählte, dass Csokor ihn stets um die Mittagszeit in der Prinz-Eugen-Straße besuchte. Er hoffte auf eine Einladung zum Essen. Und Zsolnay hoffte, dass der Dichter sich vorher empfahl. Das Duell dauerte oft bis um Zwei. Wer zuerst die Nerven verlor musste zahlen. Glücklich und erschöpft stapfte Csokor dann hinter Zsolnay ins Restaurant Sacher.

Als Präsident des PEN-Clubs besuchte Csokor alle Bankette und Festempfänge. Er führte genau und weit vorausschauend Buch über internationale Schriftstellerkongresse und ließ es sich angelegen sein, in der betreffenden Landessprache den Satz »Herr Ober, reichen Sie mir bitte noch einmal von dieser köstlichen Speise« auswendig zu lernen. Für die PEN-Tagung in Dubrovnik lernte er diesen Schlüsselsatz auf serbokroatisch. Konobar, molim dodajte mi još malo ovog ukusnog jela. Die Tagung wurde kurzfristig abgesagt, und Csokor kam nie mehr in die Lage, seine serbokroatischen Sprachkenntnisse anzuwenden.

HEIMITO VON DODERER

1896–1966

D oderer war Fähnrich im noblen k. u. k. niederösterreichischen Dragonerregiment Friedrich August König von Sachsen Nr. 3. Im Juli 1916 geriet er, nach nicht einmal fünf Monaten an der galizischen Front, in russische Gefangenschaft. Die folgenden vier Jahre verbrachte er in sibirischen Offizierslagern. Er war schon in Kriegsgefangenschaft, als er zum Leutnant ernannt wurde. Davon erfuhr er allerdings erst nach der Heimkehr. Seiner Beförderung verdankte er es, dass er zwanzig Jahre später zur deutschen Wehrmacht einrücken musste.

Im Zweiten Weltkrieg arbeitete Doderer als Leutnant der Luftwaffe in Südfrankreich beim Bahnbau. Täglich stahl er sich zwei Stunden seiner Dienstzeit ab, um, auf eine chambre particulière zurückgezogen, an der *Strudlhofstiege* zu arbeiten. Dabei ist mir klar geworden, erzählte er, was dieser Ort für die deutsche Literatur bedeutet. Nicht nur, dass dort geschrieben wurde – nein, was mir nicht konveniert hat, konnte ich gleich hinter mich bringen.

Doderers erste Frau Minze war eine Nichte des bayrischen Volksschriftstellers Ludwig Thoma. Das Paar ging vom Standesamt weg getrennte Wege. Doderers zweite Hochzeit vollzog sich in größtmöglicher Heimlichkeit. Seine Frau lebte wie vorher in Landshut, er selbst in Wien, wo er eine langjährige Beziehung mit der Schriftstellerin Dorothea Zeemann, seinem Packerl, führte.

Nach dem Motto »dick ist sexy« verehrte Doderer reife Damen von ansehnlicher Körperfülle. Schlanke Frauen fand er unerotisch. Bei einem Empfang des PEN-Clubs fiel seine Auge auf die Gräfin Maria Wickenburg, eine überschlanke Schönheit, und er näherte sich ihr mit einem Stück Schlagoberstorte. Peter von Tramin stürzte auf das ausersehene Opfer zu und flüsterte warnend: Um Himmels willen, Maria, gibt acht! Er fängt an dich zu mästen!

Über Kontaktanzeigen suchte Doderer schwergewichtige Frauen. Die mussten nackt auf Knien über den Boden kriechen und dabei lateinische Texte vorlesen. In sein Arbeitsjournal notierte er: »Ich suche eine von fünfundvierzig, mit dunklen Haaren, weißer Haut und einem großen Arsch.

Unter neunzig soll sie nicht wiegen. Die Anderen können mir allesamt gestohlen werden«. Seine Begeisterung für füllige Frauen äußerte sich auch im Titel seines Romans *Die Dämonen*, der zunächst *Dicke Damen* heißen sollte.

In seiner Stammtischrunde im Gasthof *Zur Stadt Paris* erschien der Romancier eines Abends mit einer rot gefleckten Wange. Auf die Frage, was ihm zugestoßen sei, erzählte er feixend: Da gibt's ein Papiergeschäft, in dem ich meinen Schreibvorrat kaufe. Die Besitzerin heißt Nackledal. Da bin ich hineingegangen etwas besorgen. Wie sie mir den Rücken zukehrt reitet mich der Teufel und ich sage: Frau Nackledal, ich möcht Sie gern einmal nackledal sehen ... Und zack! In der nächsten Minute hab ich eine Ohrfeige sitzen gehabt.

Doderer wurde von einem Möchtegern-Schriftsteller belagert, der mit ebenso viel Ausdauer wie Talentlosigkeit an seinen Manuskripten bastelte. Einmal saß er bleich, mit rotgeränderten, verschwollenen Augen an Doderers Stammtisch beim *Blauensteiner*. Was ist los? fragte Doderer. Sind Sie krank? – Ich habe in letzter Zeit bis tief in die Nacht an meinem Roman gearbeitet, sagte der Möchtegern. Und konnte nachher nicht einschlafen. – Aber warum, riet Doderer, warum haben Sie denn das Geschriebene nicht noch einmal gelesen?

Von dichtenden Damen hielt Doderer wenig. Im Gasthaus *Zu den drei Hackeln* verkündete er: Wenn ich einmal eine Zeitschrift mache, dann wird vorn rot aufgedruckt: Die verehrlichen Kolleginnen werden gebeten, keine Manuskripte einzureichen, denn selbige wandern ausnahmslos in den Papierkorb!

Doderer war Mitglied der illegalen Nationalsozialistischen Deutschen Arbeiterpartei NSDAP, sein Parteibuch trug die Nummer 1526987. Mit dem Projekt *Dämonen der Ostmark* bewarb er sich um Aufnahme in die Reichsschrifttumskammer. Die jüdische Ehefrau verschwieg er wohlweislich.

Getreu der damals gängigen Moral »Tu ichs nicht, tuts ein Anderer« nistete er sich während der Nazi-Ära mit Albert Paris Gütersloh im arisierten Atelier der jüdischen Malerin Trude Waehner in der Buchfeldgasse in Wien Josefstadt ein. Erst nachdem die solcherart brutal Enteignete Doderer ein Zimmer in einer anderen Wohnung des Hauses abgetreten hatte, bekam sie die Räume zurück. Heute ist das Atelier im Besitz der Stadt Wien.

Im Gegensatz zu dem klassischen österreichischen Künstlerschicksal hat Doderer die öffentliche Anerkennung zu Lebzeiten erreicht. Bei wirklich

Großen ein rarer Fall. Hermann Hakel beschrieb das Aussehen des erfolgreichen Rivalen folgendermaßen: Sein peinlich bösartiges Gesicht, das eine seltsame Ähnlichkeit mit Nestroy hat, wird durch seine übertriebene Höflichkeit nicht erträglicher. Seine Fratze und sein Reden widersprechen einander. Die Hände sind einfach ordinär. Das sind keine Künstlerhände, das sind keine eleganten oder edlen Hände, das sind hässliche Auswüchse.

Doderer komponierte seine umfangreichen Romane mit vielfärbigen Tinten und Stiften nach den kontrapunktischen Regeln Beethovenscher Symphonien. Hans Weigel spottete: Er schreibt jetzt einen Roman, dessen Handlung darin besteht, dass einer über die Ringstraße geht. Die ersten tausend Seiten sind schon fertig.

Gelegentlich wird die poetische Erfindung vom Leben eingeholt. Am Erscheinungstag von Doderers Roman *Ein Mord, den jeder begeht*, ereignete sich in Düsseldorf genau der gleiche seltsame und auf komplizierte Art zustande gekommene Unfall, mit dem das Buch schließt. Das Foto, das durch die Zeitungen ging, zeigt exakt das Schlussbild des Romans. Auch der Rettungsmann, der dort vorkommt, fehlt nicht. Doderer buchte das als Erfolg und hielt sein Werk auch in jenen erfundenen Teilen für verifiziert, für deren Lebensnähe kein so handfester Beweis erbracht war.

Der Grabstein im Grinzinger Friedhof trägt in goldenen Lettern auf weißem Marmor die Inschrift: Hic et nunc paratus – Hier und jetzt immer bereit!

* * *

ALBERT DRACH

1902–1995

Albert Drach lebte in Mödling als Rechtsanwalt ohne Klienten in einem aufgelassenen Kloster. Im März 1938, nachdem die Nazihorden Österreich überfallen hatten, zerrten SA-Leute ihn aus dem Haus. Er sollte auf das Geschäft jüdischer Nachbarn die Parole »Nur ein Schwein kauft bei Juden ein« malen. Drach tauchte den Pinsel in den bereitgestellten Farbtopf und malte ein N, das so groß war, dass keine weiteren Buchstaben auf der Auslagenscheibe Platz hatten. Die Nazis tobten. Kleiner schreiben! lautete der nächste Befehl. Drach schrieb ein u, so winzig klein, dass niemand es lesen konnte. Er könne es eben nicht besser, argumentierte der Gequälte. Schließlich sei er kein Maler. Die Anspielung auf einen der zahlreichen erfolglosen Berufsanfänge Hitlers wurde nur allzu gut verstanden, und unter lautem Gejohle ließ man den armen Narren laufen.

Spannend wie ein Krimi ist die Geschichte von der Entdeckung des Autors. Auf der Suche nach einer Sekretärin für seine Anwaltskanzlei gibt seine Frau in München das Manuskript einer *Rimbaud*-Novelle beim Langen Müller Verlag ab. Joachim Schondorff, dem das Päckchen in die Hände kommt, ist von dem Text des völlig unbekannten Zweiundsechzigjährigen gefesselt, fragt schriftlich an, ob davon mehr vorhanden sei, und ist kurze Zeit später im Besitz des Romans *Das große Protokoll gegen Zwetschken-baum*. Jede weitere Frage um Nachschub kann Drach mit einem Griff in seine Schreibtischlade beantworten. Bis es sich zeigt, dass die Planung einer achtbändigen Gesamtausgabe angebracht ist.

Das große Protokoll gegen Zwetschkenbaum hatte die Aufmerksamkeit der Kritiker erregt. Auf Wunsch ihres gemeinsamen Verlegers sollte Reinhard Federmann den neuen Shooting Star in seinem Mödlinger Heim interviewen. Während des Gesprächs betrat Frau Drach den Raum und fragte, was genehm sei: Tee, Kaffee, Schokolade, Kuchen, Torte? Federmann entschied sich für Kaffee und Torte, und Drach dozierte weiter. Als das Gewünschte kam, blickte er unwirsch auf. Aus Weltenfernen irrte sein Blick über die Frau, den duftenden Kaffee, die prangende Torte. Dann rief Drach: »Ich rede ... Ich denke!« Und Frau wie Torte verschwanden auf diese Zauberformel hin auf Nimmerwiedersehen. Federmann hat dies Drach zeitlebens nicht verziehen.

MARIE VON EBNER-ESCHENBACH

1830–1916

Eine gescheite Frau hat Millionen geborener Feinde, nämlich alle dummen Männer, formulierte Marie von Ebner-Eschenbach in einem ihrer lebensklugen Aphorismen. Sie selbst war eine dieser gescheiten Frauen. Sie besaß nicht nur Verstand, sondern auch Witz. Als sie einst verspätet zu einem Souper erschien, hörte sie, wie ein vorlauter Mensch seiner Sitznachbarin zuraunte: Wenn eine Dame weder jung noch schön ist, sollte sie nicht auf sich warten lassen. Gelassen parierte die Dichterin die Unverschämtheit: Wenn eine Dame weiß, dass sie mit ungezogenen Männern an einem Tisch sitzen muss, kommt sie immer noch früh genug!

Im Haus des Astronomen Karl Ludwig von Littrow kam man auf den Fortschritt der Wissenschaft zu sprechen. Jemand berichtete, dass man im physikalischen Institut der Würzburger Universität mit den von einem gewissen Professor Röntgen entdeckten Strahlen durch einen Mann hindurchgesehen habe. Marie von Ebner-Eschenbach lächelte nachsichtig: Was ist denn da Besonderes dabei? Das konnte eine kluge Frau schon immer.

Nach Berichten der Zeitgenossen hat die Dichterin einen besonderen Charme ausgestrahlt, mit übergroßer Schönheit hatte die Natur sie allerdings nicht ausgestattet. Sie selber war sich ihres diesbezüglichen Mankos bewusst. Nachdem ein Maler ein wenig geglücktes Porträt von ihr fabriziert hatte, äußerte sie Freunden gegenüber: Dass i schiach bin, hab i eh gwusst. Neu is mir, dass i ausschau wie a Menschenfresserin. No dazua ane, ders net gschmeckt hat.

* * *

HERBERT EISENREICH

1925–1986

Eisenreich war eine der unerfüllten Zukunftshoffnungen der Nachkriegsliteratur. Seine gesamte Werkausbeute bezeichnete er selbst als alles in allem höchstens fünfhundert Seiten. Im Linzer Realgymnasium hatte er als Deutschprofessor den Lyriker Ernst Jirgal. Der stellte den Schülern die Hausaufgabe, folgende Tagebuchnotiz von Friedrich Hebbel zu einer Geschichte auszubauen: Ein Mörder verscharrt sein Opfer, und zwar zufällig an der Stelle, wo ein Schatz vergraben liegt. Er findet den Schatz und nimmt ihn mit. Als der rechtmäßige Eigentümer sein Gold holen will, wird er ertappt und gilt als Mörder. Eisenreich, seinen eigenen Worten zufolge schon als Schüler von unendlicher Faulheit, hat zwar den geforderten Aufsatz nicht geschrieben, hinfort aber intensiv nachgedacht, wie diese Geschichte zu schreiben wäre.

· Bei Radio Bremen hatte Eisenreich ein Hörspiel eingereicht, auf das er aus finanziellen Gründen große Hoffnung setzte. Nach geziemender Frist wurde er vom Literaturchef und dem Dramaturgen zu einer Besprechung ins Funkhaus gebeten. Der Dramaturg plädierte dafür, das Stück zu senden, der Abteilungsleiter brachte gewisse Einwände vor. Sie klangen für den Autor so überzeugend, dass er begeistert zustimmte. Nach einer Stunde war das Hörspiel abgelehnt. Der Autor verließ das Besprechungszimmer gemeinsam mit dem Dramaturgen, der ihn, kaum war die Tür ins Schloss gefallen, böse anfauchte: Sie Vollidiot! Ich war für, der Abteilungsleiter gegen das Stück. Deshalb haben wir Sie als Schiedsrichter hergerufen. Aber was tun Sie? Sie schlagen sich nicht auf meine, sondern auf seine Seite! Eisenreich hat dann aber doch für Radio Bremen gearbeitet. Sein Hörspiel *Wovon wir leben und woran wir sterben* gewann den internationalen Prix Italia.

Nachdem Eisenreich mit dem wohldotierten Kafka-Preis ausgezeichnet worden war, umringten ihn Journalisten, um ihn zu interviewen. Er antwortete, wie er es gewohnt war, ziemlich einsilbig. Eine anwesende Kritikerin konnte die Bemerkung nicht unterdrücken, dass er offensichtlich zu wenig aus sich mache. Das liegt aber nicht an mir, erwiderte Eisenreich, sondern an Ihnen. Ich bin so eitel wie andere Schriftsteller auch. Ich hab' mir nur angewöhnt, an jene, die mir schmeicheln, gewisse Ansprüche zu stellen.

Eisenbahnen übten auf Eisenreich eine unwiderstehliche Faszination aus. Er hat sogar ein Buch über die Märchenwelt der Modellbahnen geschrieben. Einmal besuchte er den Maler und Schriftsteller Erich Landgrebe, der sich in Elsbethen, in der Nähe von Salzburg, ein Haus gebaut hatte. Das Haus steht auf einem Abhang an der Westbahnstrecke. Stolz zeigte Landgrebe dem Besucher sein Domizil und den eindrucksvollen, von seltenen Pflanzen bewachsenen Steingarten, der sich in bunter Pracht von der Terrasse bis zu den Eisenbahnschienen hinunterzieht. Anerkennend streifte der Blick des Gastes über die Blütenpracht, blieb dann irgendwo in der Ferne hängen und verklärte sich. Herrlich! Wunderbar! rief er. Landgrebe nahm an, der Kollege bewundere den herrlichen Garten, aber Eisenreichs Blick fixierte die Oberleitungsmasten der Westbahn. Schauen Sie, schwärmte er: Das ist einer der ganz wenigen Streckenabschnitte, an denen noch die alten B 29/29 Porzellan-Isolatoren angebracht sind. In ganz Österreich gibt es davon keine zwei Dutzend mehr!

* * *

Fje-der-maa-an ... Reinhard Federmann.
Karikatur von Winnie Jakob

REINHARD FEDERMANN

1923–1976

Um in den Hungerjahren nach dem Krieg von der Schriftstellerei leben zu können, ging Federmann mit Milo Dor eine Arbeitsgemeinschaft ein. Ihr Kriminalroman *Internationale Zone* hatte das Missfallen der sowjetischen Besatzungsmacht erregt. Kurz zuvor war *Der dritte Mann* in den Kinos angelaufen, die Geschichte vom Penicillin-Fälscher Harry Lime, der sich im russischen Sektor der Stadt vor der Exekutive retten kann und schließlich im Wiener Kanalnetz den Tod findet. Wenn er wieder einmal knapp bei Kasse war, was nicht selten vorkam, musste Federmann in die russische Besatzungszone, um seinen Verleger um einen Vorschuss anzupumpen. Helmut Qualtinger kommentierte diese Angstreisen seines Freundes mit den hämischen Worten: Wenn Federmann Geld holen fährt, dann schaut er sich an jeder Straßenecke um, und von überall her ertönt aus dem Dunkel der Ruf: Fje-der-maa-an …

Dor und Federmann meldeten sich telefonisch bei der Leiterin eines Stuttgarter Verlags. Sie seien auf der Durchreise in Stuttgart, ob sie mit einem Projekt zu ihr in die Wohnung kommen dürften? Ja, gut. Nehmen Sie eine Taxe und kommen Sie. Sie kommen, entwickeln ihr Projekt. Man einigt sich, auch über den Vorschuss. Die Verlegerin hat nichts Bares in der Wohnung, will den Betrag überweisen. Nein, das geht leider nicht, bekennen die beiden unisono. Wir haben das Taxi vor dem Haus warten lassen und haben kein Geld, es zu bezahlen.

Federmann saß wartend im Vorzimmer eines Verlegers, der Name tut nichts zur Sache, als sich unversehens eine Tür öffnete und dessen junge Frau splitternackt heraustrat, ohne sich umzusehen durchs Zimmer schritt und durch eine andere Tür verschwand. Als er Freunden von diesem Vorfall erzählte, schwärmte er: Wirklich interessant werden Verleger erst, wenn man sie in ihren vier Wänden aufsucht.

* * *

LUDWIG AUGUST FRANKL

1810–1894

Der Dichter Ludwig August Frankl, dessen Flugblatt *Die Universität* im Revolutionsjahr 1848 in einer Auflage von mehreren hunderttausend Exemplaren unter die Leute kam, verdiente sich sein tägliches Brot als Sekretär der Wiener Kultusgemeinde. Ein Angestellter der Gemeinde war gestorben. Noch bevor der Tote beerdigt war, meldete sich ein übereifriger Bewerber und bat, Frankl möge sich für seine Anstellung verwenden. Bringen Sie mich doch an seine Stelle, bettelte er. Gern, versprach Frankl. Aber ich weiß nicht, ob ich einen so dicken Kerl wie Sie ohne weiteres in den Sarg hineinheben kann.

* * *

ERICH FRIED

1921–1988

Erich Fried war ein dicker Zwerg mit Froschaugen und Würstelfingern. Im Familienkreis wurde er Spudakel genannt. Seit seiner Geburt litt er an einer seltenen Muskelschwäche mit dem medizinischen Namen Charcot-Marie-Tooth-Syndrom. Sein Vater war ein assimilierter Wiener Jude, der als Spediteur Bankrott machte, das verbliebene Geld in Monte Carlo verspielte, als Schriftsteller dilettierte und vorübergehend als Wunderheiler Aufsehen erregte. Er starb daran, dass ihm ein Gestapo-Mann im Verhör die Magenwand eintrat.

Der sechsjährige Volksschüler Erich Fried weigerte sich, vor dem Wiener Polizeipräsidenten Johann Schober ein Weihnachtsgedicht aufzusagen, weil dieser den Tod von fünfundachtzig Demonstranten beim Brand des Justizpalasts zu verantworten hatte.

Philipp Halsmann, in späteren Jahren in den Vereinigten Staaten erfolgreicher Modefotograf, war anno 1930 einer der prominentesten Häftlinge Österreichs. Der aus Lettland stammende Jude wurde beschuldigt, seinen Vater auf einer Bergwanderung ermordet zu haben. Zahlreiche Berühmtheiten setzten sich für seine Begnadigung ein, darunter Albert Einstein, Sigmund Freud, Thomas Mann – und Erich Fried. Der war damals ganze acht Jahre alt.

Als der Siebzehnjährige im August 1938, nachdem die braune Soße über Österreich geschwappt war, gerade noch nach England fliehen konnte – »Emigrant klingt mir zu freiwillig, ich bin Flüchtling« – gab er bei seiner Registrierung beim Jewish Refugees Committee als Beruf an: Deutscher Dichter. Als solcher hat er dann etliche gotterbärmliche Verse gemacht. Zum Beispiel: »Boden / klaff du nicht weit / Vor dem Bruder in meinem Kleid!«

Der Säulenheilige der fortschrittlichen Schreiberlinge starb in London an Darmkrebs, der ihn oft und lang in Krankenhäusern festgehalten hatte. Seine Witwe kaufte Lebensmittel in einem Geschäft in der Dartmouth Road unweit ihres Wohnhauses, und die Kassierin fragte, wie es ihr gehe. Nicht besonders. Mein Mann ist gerade gestorben. Da meldete sich eine Dame in der Warteschlange hinter ihr: Ich weiß genau, wie Ihnen zumute ist. Letzte Woche ist mein Hündchen krepiert.

* * *

EGON FRIEDELL

1878–1938

Laut Taufbuch hieß er Friedmann, als Autor hatte er sich das Pseudonym Friedell zugelegt, sein Bruder hingegen behielt den als jüdisch geltenden Familiennamen. Friedrich Funder, der Herausgeber der *Reichspost*, stichelte: Ich war bei Ihrem Herrn Bruder eingeladen. Der heißt aber Friedmann. Friedell, achselzuckend: Tja, ich weiß auch nicht, wozu er das macht.

Friedells jüdisches Aussehen war nicht zu verleugnen. Im Theater in der Josefstadt probte man die Tragödie *Armut* von Anton Wildgans mit Friedell in der Rolle eines jüdischen Hausierers. Was höre ich, Doktor Friedell, neckte ihn Funder, Sie spielen einen Juden? – Ein Schauspieler, replizierte Friedell, muss alles können.

Der erste Weltkrieg war verloren. Vor dem Parlament wurde die Republik ausgerufen. Es kam zu Straßenkämpfen, denen Friedell nur mit Mühe entging. Hinkend, denn ein Nagel hatte sich durch die Schuhsohle gebohrt. Abends im Cafe *Herrenhof* stellte man ihm die Frage, was er denn den Nachlebenden über die Revolution zu erzählen gedenke. Friedell: Ich werde wahrheitsgetreu sagen, dass es ein unvergesslich schrecklicher Tag war. Dass aber zum Schluss alles gut ausgegangen ist, denn jemand hat mir eine Zange geliehen und ich habe den Nagel herausgezogen.

In den Krisenjahren nach dem ersten Krieg war die Lebensmittelversorgung zusammengebrochen. Von den Erdäpfeln und dem ewigen Maisbrot war Egon Friedell furchtbar dick und ungesund fett geworden. Mastodon nannten ihn Freunde wegen seiner Körpermasse. Einmal fuhr er in der Elektrischen. Ihm gegenüber saß eine Dame mit einem kleinen Mäderl, das den blonden Riesen so unverwandt anstarrte, dass es schon auffiel. Plötzlich sagte es laut, ohne einen Blick von Friedell zu wenden, mit einem sehnsuchtsvollen Seufzer: Du, Mutti, ich möcht gern wieder einmal Grammeln essen.

Als genialer Dilettant war Friedell von einer schier unglaublichen Vielseitigkeit: ein ernstzunehmender Kulturphilosoph und brillanter Essayist, ein improvisationsfreudiger Kabarettist und kenntnisreicher Theaterfreak.

Schauspieler auf der Bühne sind uninteressant. Egon Friedell.
Karikatur von Carl Hollitzer

Er trat auf mehreren Bühnen auf, spielte mit Hans Moser und Heinz Rüh-mann, was ihn aber nicht davon abhielt, als Rezensent zu arbeiten. Da sich deshalb sein Chefredakteur empörte, man könne nicht mit einem Hintern auf zwei Sesseln sitzen, schrieb er zurück: Man unterschätzt offensichtlich mein Hinterteil.

Zu einem Gastspiel in Berlin hatte Friedell seinen Hund Schnack, eine schauerliche Promenadenmischung, mitgebracht. Er ulkte: In Berlin hält man Schnack für einen Hund. Und mich für einen Schauspieler. Zu seiner

Bühnenkollegin Margarethe Köppke sagte er: Wir beide sind Theater wie es sein soll. Weißt du, worin der Unterschied zwischen uns besteht? Ich bin auf der Bühne so natürlich wie im Leben. Und du bist im Leben so unnatürlich wie auf der Bühne.

Friedell rauchte in der Kulisse, obwohl das streng verboten ist. Der Dienst habende Feuerwehrmann trat auf ihn zu: Herr Doktor, Sie dürfen hier nicht rauchen! Friedell blickte den Florianijünger gütig an: Ich weiß, ich weiß, lieber Freund. Deshalb rauche ich nikotinfrei.

Während Friedell im Wiener Kabarett *Simpl* wahre Triumphe feierte, erntete er an der Spree böse Verrisse. Auf die hämische Kritik eines Berliner Blattes, das ihn als versoffenen Münchner Dilettanten bezeichnet hatte, reagierte er mit einem Leserbrief: Es stört mich nicht, als Dilettant bezeichnet zu werden. Dilettantismus und ehrliche Kunstbemühung schließen einander nicht aus. Auch leugne ich keineswegs, dass ich dem Alkoholgenuss zugetan bin, und wenn man mir daraus einen Strick drehen will, muss ich's hinnehmen. Aber das Wort »Münchner« wird ein gerichtliches Nachspiel haben!

Am Anfang seiner Bühnenlaufbahn musste Friedell auch in Kindervorstellungen auftreten. Nach der Generalprobe von *Ali Baba und die vierzig Räuber* küsste er der Autorin Minna von Alth galant die Hand und flötete: Gratuliere! Es ist gut gegangen. Das Stück ist aber auch aus-ge-zeich-net! Die Autorin entfernte sich süß-sauer lächelnd, und die Schauspieler waren entsetzt: Aber Herr Doktor, wissen Sie nicht, dass man vor der Premiere niemals sagen darf, es war gut! – So? Das darf man nicht? Ich hätte also ruhig sagen dürfen, dass das Stück ein Schmarrn ist?

Friedell spielte den Kaiser in *Turandot*. Eine junge, ehrgeizige Schauspielerin hatte in dem Stück zwar nur eine einzige Szene, dafür aber eine hochdramatische: Sie hat den Kaiser anzuflehen, das über sie verhängte Todesurteil aufzuheben. Der Herrscher schenkt ihr schließlich das Leben, aber erst nachdem sie nach langer Rede, in Tränen gebadet, zu seinen Füßen niedergesunken ist. Einmal begab sich Folgendes: Die Schauspielerin wird von zwei Trabanten auf die Bühne geschleppt. Friedell sitzt wie immer auf dem Thron und harrt der Dinge, die da kommen sollen. Kaum hat er die Todeskandidatin erblickt, da überzieht sich sein Gesicht mit milder Güte und er spricht mit königlicher Gebärde: Ich begnadige dich! Die junge, ehrgeizige Elevin, die noch keine Gelegenheit gehabt hat den Mund aufzutun, erstarrt. Sie will durchaus ihre große Rede beginnen, doch der

Kaiser sagt noch gütiger als zuvor: Gehe, mein gutes Kind, du bist begnadigt! Und da sie keine Anstalten trifft zu gehen, donnert er gebieterisch: Trabanten, führt sie ab! Friedell wurde strafweise eine Monatsgage abgezogen. Seine Entschuldigung, dass ihm die junge Dame heute so besonders leid getan habe, fand beim Direktor keinen Glauben.

Während einer der zahlreichen Direktionskrisen des Burgtheaters wurde Friedell von einem Journalisten nach seinem künstlerischen Konzept befragt, falls er Chef des Hauses werden sollte. Ich würde, antwortete Friedell bedächtig, vor allem die Tradition mit dem Zeitgeist versöhnen. Das heißt, ich würde zugkräftige Stücke spielen, ohne minderwertige zuzulassen. Ich würde ferner der Cliquenwirtschaft ein Ende setzen, ohne selbstverständlich wertvolle Einflüsse zu unterbinden. Und ich würde das Burgtheater wieder zur ersten deutschen Bühne machen. – Und dann? forschte der Journalist weiter. Und dann würde ich wegen Undurchführbarkeit meines Programms zurücktreten.

Während er bei Max Reinhardt Theater spielte, arbeitete Friedell an seiner zweibändigen *Kulturgeschichte*. Seine Bühnenkollegin Lina Loos rätselte: Kulturgeschichte? Was steht denn da drin? Da steht wahrscheinlich alles drinnen, was mich nicht interessiert. Worauf Friedell parierte: Sooo umfangreich ist sie wieder auch nicht.

Die *Kulturgeschichte der Neuzeit* war vom Ullstein Verlag angenommen worden. Doch im letzten Augenblick fand man, das Buch könne mit diesem anspruchsvollen Titel nicht in die Welt hinausgehen, denn der Autor sei doch immerhin Kabarettist. Friedell reagierte sauer. Er machte den höhnischen, auf andere Ullstein-Produkte anspielenden Titel-Vorschlag *Kulturgeschichtleins Brautfahrt* oder *Von der schwarzen Pest zur grünen Post*.

Das Werk erschien schließlich bei C. H. Beck in München. Ein Berliner Verleger machte dem Autor Vorwürfe, weil er es nicht ihm angeboten hatte. Friedell: Bei Ihnen wäre es ja doch kein Erfolg geworden. Wäre das *Neue Testament* bei Ihnen erschienen, so hätte das Christentum längst nicht die Ausbreitung gefunden, die es heute hat. Von der englischen Übersetzung des Buchs war Friedell so angetan, dass er ausrief: Die ist so gut, dass ich sie am liebsten ins Deutsche übertragen möchte.

Friedell war ein zutiefst unpolitischer Mensch, auch Zeitungen ignorierte er. Er dachte in Jahrhunderten. Immerhin bereitete ihm der Gedanke Sorge, die braunen Machthaber könnten ihm seine jüdische Abstammung übelnehmen. So konnte es geschehen, dass er, reichlich naiv, mit dem Gedanken spielte, den Vertrag mit seinem Münchner Verleger zu lösen und die *Kulturgeschichte* einem nationalsozialistischen Verlag anzuvertrauen.

Friedell verirrte sich in eine moderne Kunstausstellung. Mit wiegendem Haupt betrachtete er ein Stück gerahmter Leinwand, auf der mit roter und blauer Ölfarbe Kreise und Ellipsen gemalt waren. Der Schöpfer des Kunstwerks trat hinzu und erklärte, das sei eine Impression von Ragusa. Da sehen Sie, sagte Friedell, wie ich von Kunst gar nichts verstehe. Ich hätte das für Spalato gehalten.

Seine Abneigung gegen jedweden Snobismus bekundete Friedell anlässlich eines der pompösen Empfänge, die Max Reinhardt während der Salzburger Festspielsommer im Schloss Leopoldskron veranstaltete. Auf der Zufahrt vor dem Eingangsportal waren livrierte Diener mit lodernden Fackeln postiert. Was ist los? ätzte Friedell. Kurzschluss?

Was sagen Sie dazu, ereiferte sich ein Kollege, wie Reinhardt in Salzburg angibt? Mit Schloss, Dienern mit weißen Perücken, Kerzensoupers, einem riesigen Park und einem See mit hunderten weißen und schwarzen Schwänen … – Mich soll das aufregen? gab Friedell zurück. Ich kenn doch den Reinhardt schon aus der Zeit, wo er in einem Kabinett gelebt hat. Ein Bett, ein Sessel, eine Waschschüssel. Und höchstens zwei bis drei Schwäne.

Stinkfeiner Abendempfang. Friedell ist eingeladen. Was darf ich Ihnen anbieten? fragt die Hausfrau. Bier? Wein? Kognak? – Ja, sagt Friedell. In dieser Reihenfolge.

Eine Verehrerin fragte Friedell, welche Worte der deutschen Sprache für ihn die schönsten seien. Friedell zog die Brauen hoch, als denke er angestrengt nach, und sagte: Die schönsten Worte der deutschen Sprache sind für mich: Mit gleicher Post überweisen wir Ihnen den Betrag von tausend Schilling.

Ein befreundeter Arzt hatte Friedell am Blinddarm operiert. Wie soll ich dir danken? fragte Friedell, nachdem alles glücklich überstanden war. Du hast mir das Leben gerettet. Ich müsste deine Frau heiraten, die dir auf der Nase herumtanzt. Aber wozu hättest du mir dann das Leben gerettet? Also sind wir quitt.

Mit seiner Haushälterin Hermine hatte der militante Junggeselle einen Sohn, den er nicht Eingeweihten gegenüber als Neffe ausgab. Einem Vertrauten erzählte er: Gestern hat mir Hermine gesagt, ihr wären aus der Handtasche zehn Schilling gestohlen worden. Der Verdacht falle auf Hans. Zur Rechenschaft gezogen, bestritt mein Neffe jedoch entschieden den Diebstahl. Aber ich habe der Stimme meines Blutes gelauscht und ihm nicht geglaubt.

Für germanistische Seminare entwickelte Friedell eine Methode, um die Qualität eines lyrischen Gedichts zu prüfen. Die geht so: Man lese die Verse zuerst von oben nach unten. Dann lese man sie noch einmal, und zwar von unten nach oben. Ergeben sie von unten nach oben Unsinn, dann ist das Gedicht gut. Ist es jedoch von unten nach oben gelesen vielleicht besonders stimmungsvoll oder gar stimmungsvoller als von oben nach unten, dann ist es unweigerlich schlecht.

In den zwanziger Jahren, bei seinen Münchner Aufenthalten, hatte Friedell, blond und blauäugig wie er war, manchen Abend an Adolf Hitlers Stammtisch im Bürgerbräukeller in der Rosenheimer Straße verbracht. Der Führer hatte die *Kulturgeschichte* gelesen und in seine Bibliotheken in der Reichskanzlei und auf dem Obersalzberg eingestellt. Der zuständige Reichsleiter hatte ihn als Nr. 176 auf die Tabu-Liste der SS gesetzt und Friedell telegraphisch davon benachrichtigt. Das Telegramm kam allerdings zu spät an. Als Friedell durchs Fenster seiner Wohnung SA-Leute herankommen sah, die ihn, wie er meinte, abholen sollten, stürzte er sich im Morgenmantel aus dem dritten Stockwerk auf die Straße. Im Fallen stieß er einen Warnungsruf aus, damit kein Passant zu Schaden käme.

* * *

LUDWIG GANGHOFER

1855–1920

Ludwig Ganghofer begann seine literarische Laufbahn als Mitarbeiter am *Wiener Tagblatt*. Sein Zeilenhonorar reichte oft nicht einmal für die Wohnungsmiete, geschweige denn für ein anständiges Essen. Von Schulden geplagt, näherte er sich einem fix angestellten Kollegen, dem es besser ging, mit den rätselhaften Worten: Du, die fünfzig Gulden geb ich dir bestimmt am nächsten Ersten zurück. – Welche fünfzig Gulden? staunte der Kollege. Du bist mir ja nichts schuldig. – Noch nicht, strahlte Ganghofer. Aber wie ich mich kenne, pumpe ich dich jetzt gleich um fünfzig Gulden an.

Ganghofers Lustspiel *Der Anfang vom Ende* war am Wiener Ringtheater ein durchschlagender Premieren-Erfolg. Erwartungsvoll schlug der junge Dramatiker am nächsten Morgen die Zeitungen auf. Und prallte entgeistert zurück. Man habe sich, schrieb die *Neue Freie Presse*, vorzüglich unterhalten in dem Stück des blonden Aasgeiers. Pfui! Ein hässlicher Druckfehler! Natürlich sollte es heißen »des blonden Allgäuers«.

Ganghofer hielt eine Lesung in Schwerin in Mecklenburg. Er sagte sich: Heute musst du hochdeutsch reden, sonst verstehen sie dich hier nicht. Und er bemühte sich, der Mundart seiner oberbayerischen Väter auszuweichen und das blankste Schriftdeutsch zu sprechen. Als er, schweißtriefend ob so ungewohnter Anstrengung, vom Podium abtrat, musste er durch den Garderobenraum des Publikums. Und hörte zwei Damen reden: Hamse een Wort verestann? Ich nich.

* * *

FRANZ KARL GINZKEY

1871–1963

Als letzter Vertreter der altösterreichischen Erzähltradition war Franz Karl Ginzkey ein im Ausland gefragter Vortragender. In einer rheinländischen Stadt wurde er am Bahnhof von drei behandschuhten Herren im schwarzen Gehrock abgeholt. Gerührt nahm er die Blumen entgegen. Vielen Dank, meine Herren, ich finde das wirklich reizend von Ihnen. Das wäre nicht nötig gewesen. – O nee, dat macht uns nischt aus, beschwichtigte einer der Herren in reinstem Kölsch. Dat jeht jleich in eines. Wir müssen dann ohnehin noch zu eem Bejräbnis.

Zu einem Vortragsabend in der Provinz verspätete sich Ginzkey infolge ungünstiger Bahnverbindungen um zwanzig Minuten. Der Veranstalter stand schwitzend, die Uhr in der Hand, vor dem Saaleingang. Schrecklich, Herr Doktor! japste er. Hätten Sie nicht einen früheren Zug nehmen können? – Warum? Hats denn schon angefangen?

Stellen Sie sich vor, berichtete Ginzkey von einer seiner Vortragsreisen, kaum hatte ich die Lesung begonnen, da kramten drei alte Damen in der ersten Reihe ihren Strumpf und Wolle aus der Tasche und begannen zu stricken. In der Pause wandte ich mich an den veranstaltenden Buchhändler: Das ist doch ungezogen! Die können doch nicht während meiner Vorlesung mit ihren Nadeln klappern! Kann man das den Damen nicht sagen? – Oja, sagen kann man es ihnen schon, beschwichtigte der Mann. Aber bedenken Sie, das sind unsere besten Kundinnen. Jede von ihnen hat eins Ihrer Bücher gekauft!

Ginzkey las im abgedunkelten Saal aus einer Erzählung. Er war in bestem Schwung, da wurde das Publikum unruhig. Ein Kichern kam auf, ein Zischen und Tuscheln. Ginzkey hielt irritiert inne. Wie er so in den Saal blickte, watschelte im Mittelgang ein Dackel heran, kam direkt auf das Vortragspult zu, stemmte drei seiner Beine an, hob das vierte hoch und verrichtete sein Geschäftchen. Ginzkey kommentierte schmunzelnd: Das ist der einzige Kritiker unter uns, der ehrlich seine Meinung von sich gibt.

Die Ferien verbrachte Ginzkey alljährlich in Seewalchen am Attersee. Täglich um die Mittagsstunde begab er sich in den nahegelegenen Litzlberg-keller. Dort wurde er Zeuge, wie ein deutscher Sommergast die Schreibweise der auf der Speisekarte angebotenen Zwetschkenknödel beanstandete. Der Wirt, mit den Feinheiten der Küche mehr als mit jenen der Orthografie vertraut, wandte sich an den Stammgast: Herr Doktor, wie ist denn das wirklich? Schreibt man Zwetschken mit k oder mit g? Ginzkey ließ ein schelmisches Lächeln über sein Gesicht huschen und stellte salomonisch fest: Wenn Sie weiche Zwetschken in die Knödel hineintun, dann schreiben S' es mit g. Sind aber harte Zwetschken drin, dann unbedingt mit k.

Die letzten Tage seines langen Lebens verbrachte Ginzkey in geistiger Umnachtung. Seine Frau pflegte ihn aufopfernd. Am Gründonnerstag des Jahres 1963 setzte er sich unvermittelt im Bett auf, salutierte stramm und meldete: Jawoll, Herr Major, Österreich! Der Leichnam wurde in einem von der Gemeinde gewidmeten Ehrengrab im Wiener Zentralfriedhof bei-gesetzt. Ginzkeys hochbetagte Witwe war in Sorge, wo sie denn selbst ein-mal ihre letzte Ruhe finden werde. Und so machte sie sich also ins Rathaus auf, um mit dem Beamten für Bestattungsangelegenheiten die delikate Frage zu besprechen, ob es wohl möglich sein könne, dass sie mit ihrem geliebten Gatten, dem sie so lange Jahre ehelich verbunden war, auch im Tod vereint sein könne. Aber selbstverständlich, gnä Frau, lautete die ge-mütliche Antwort. Mit dem größten Vergnügen!

THOMAS GLAVINIC

geboren 1972

Als Thomas Glavinic Sechzehn war, sagte die Lehrerin am Grazer Gymnasium spöttelnd vor versammelter Klasse: Der Glavinic will Schriftsteller werden! Glavinic antwortete selbstbewusst: Ich bin Schriftsteller!

Bei etwa dreißig Werbeagenturen bewarb Thomas Glavinic sich nach der Matura mit folgendem Text nassforsch um einen Job als Texter: Sehr geehrte/r Herr/Frau Scheff, XXX ist kein Aktenzeichen und es katalogisiert auch keinen einsitzenden Kriminellen. Es ist mein irrsinnig überzogenes Konto bei der XY Bank. Ich ersuche Sie, Geld darauf zu überweisen. Im Notfall arbeite ich sogar dafür. Mit freundlichen Grüßen T. Glavinic. – Zehn Firmen wollten ihn sofort anstellen.

Protagonisten des Romans *Das bin doch ich* sind neben dem Autor unter anderem Promis der Kultur-Schickeria wie Daniel Kehlmann, Robert Menasse und der von Gulasch und der gesunden Wiener Luft schwärmende Kulturstadtrat Andreas Mailath-Pokorny, in dem Buch Kasuar genannt. Das ist ein großer flugunfähiger Urwaldvogel.

Just an dem Tag, als sein neues Buch erschien, zertrümmerte Ex-Taxler Glavinic auf einer Landstraße nahe Venedig beim Überholen seinen 303.000 Euro teuren Lamborghini. Titel des Romans über eine missglückte Pilgerfahrt ins Marienheiligtum Medjugorje: *Unterwegs im Namen des Herrn*.

DIETMAR GRIESER
Geboren 1934

Der Literatur-Detektiv war zu einer Sonntagsmatinee im Rathaus zu Klosterneuburg angesagt. Bevor er das Podium betrat, nahm der örtliche Kulturreferent ihn beiseite, blickte bedeutsam auf die Uhr und schärfte dem Vortragenden gütig-streng ein: Bitte, achten Sie unbedingt darauf, dass Sie kurz vor Zwölf mit Ihrem Programm durch sind. Um Zwölf läuten die Glocken, die Kirche liegt gleich gegenüber, es ist das mächtigste Geläut im Land. Von Zwölf bis viertel Eins kann hier ein Erdbeben stattfinden und kein Mensch wird es merken! Grieser raste durch seine Texte, improvisierte die waghalsigsten Striche, reduzierte den Augenkontakt zum Auditorium bis an die Grenze der Menschenverachtung, schwitzte, spuckte, schluckte – und schaffte es wahrhaftig, eine Minute vor Zwölf ein fulminantes Finale hinzulegen. Geschafft! Nun mochten sie dröhnen, die Glocken. Nur: Sie dröhnten nicht, bimmelten nicht einmal. Der Papst war zwei Tage zuvor gestorben. Man trug Trauer, das Glockengeläute unterblieb.

In einem oberösterreichischen Städtchen, auf der fünften Station einer Lesetournee, kam Grieser über Nacht die Stimme abhanden. Für den kommenden Abend war sein nächster Auftritt vorgesehen. Die Volkshochschule hatte Plakate affichiert, die Buchhandlung eine Sonderauslage eingerichtet, der Korrespondent der Landeszeitung war zum Interview angesagt – und der Vortragende ohne jedes Sprechvermögen, stumm! Der nächste HNO-Arzt musste her. Der Mediziner verordnete eine Rosskur: Cortison. Zur zweiten Behandlung sollte der Patient gegen Mittag wiederkehren, zur dritten und letzten kurz vor Ordinationsschluss. Nur bitte nicht zu spät, schärfte er dem Sprachlosen ein. Meine Frau und ich wollen nämlich am Abend zu einer Dichterlesung. Grieser blickte entzückt auf. Fast hätte diese Meldung genügt, ihm die verlorene Stimme wiederzugeben. Mit gespielter Unwissenheit, auf eine triumphale Pointe hinarbeitend, fragte er: Interessant. Wer ist denn der Autor? – H. C. Artmann. Er liest in Linz.

* * *

FRANZ GRILLPARZER

1791–1872

Nachdem Die *Ahnfrau*, das Erstlingswerk des Fünfundzwanzigjährigen, die Bühnen erobert hatte, notierte Lord Byron in sein Tagebuch: Grillparzer – sicher ein teuflischer Name für die Nachwelt. Aber sie wird lernen müssen ihn auszusprechen. Und der gelehrte Universitätsprofessor August Wilhelm Schlegel dichtete das böse Epigramm: Wo Grillen mit den Parzen sich vereinen, / da müssen grause Trauerspiele erscheinen.

Die *Ahnfrau*, die er in sechzehn Tagen hingefetzt hatte, brachte Grillparzer einen rauschenden Theatererfolg. Der junge Autor war mit einem Schlag berühmt. Sogar der Witz bemächtigte sich seines Erfolgs. Ein Ungar kauft beim Buchhändler Wallishauser drei Exemplare des Textbuchs. Warum? weil er beabsichtigt, das Stück dreimal zu lesen.

Kaum ein Autor, der nicht Scherereien mit seinem Verleger gehabt hätte. Auch Grillparzer war der Überzeugung, dass er von seinem Verleger

Wallishauser bei der Abrechnung der Tantiemen übers Ohr gehaut werde. Diese Äußerung wurde Wallishauser prompt überbracht, der Tratsch funktionierte ja in Literatenkreisen damals genauso gut wie heute. Der Herr Grillparzer soll sich nix antun, bemerkte Wallishauser unbeeindruckt. Von seiner *Ahnfrau* hab ich im ganzen net mehr als drei Bücheln verkauft. Sofort wurde dies wieder Grillparzer zurückerzählt. Der grinste schadenfroh: Recht gschieht ihm!

Grillparzer war ein begehrter und umschwärmter Junggeselle. Er hatte keinerlei Hemmungen, den Ehefrauen seiner besten Freunde nachzustellen. Kurz nachdem sein Vetter Ferdinand von Paumgartten die Offizierstochter Charlotte Jetzer geheiratet hatte, begann er mit der frisch Vermählten ein zwei Jahre dauerndes Pantscherl.

In früher Jugend verehrte Grillparzer die Sängerin Henriette Theimer. Er sandte der Herzensdame anonym einen schwülen Liebesgruß in die Garderobe: Lass meinen Blick in diesen Reizen wühlen, / lass mich der heißen Lippen Fieberglut / in dieses Busens regen Wellen kühlen ... etcetera. Dann verließ ihn die Courage. Er fürchtete eine Abfuhr und traf eine für sein Leben charakteristische Entscheidung: nämlich von vornherein zu resignieren. Jahre später hörte er von einer jungen Schauspielerin, die sich in das Gedicht eines anonymen Autors verliebt hatte, für den sie gern alle anderen Verehrer stehenlassen hätte. Grillparzer wollte das Gedicht sehen und fand – sein eigenes.

Fast unerschöpflich an Formulierungen war Grillparzer, wenn es um die Themen Ehe und Frauen ging. Über die Frauen meinte er: Sie sind da, um die Unglücklichen glücklich und die Glücklichen unglücklich zu machen. Seinen Entschluss unvermählt zu bleiben, begründete er mit den Worten: Ich hätt schon deshalb nicht heiraten können, weil ich den Gedanken nicht ertragen hätt, dass es einen Menschen gibt, der das Recht hat, in mein Zimmer zu kommen ohne anzuklopfen.

Im Alter von achtundfünfzig Jahren quartierte der ewige Junggeselle sich nach achtzehn Umzügen bei den Schwestern Fröhlich im vierten Stock des Hauses Spiegelgasse 21 (damals Innere Stadt 1097) ein und war dort bis zu seinem Tod »möblierter Herr«. Übrigens nicht bei seiner ewigen Braut, sondern bei ihrer Musik lehrenden Schwester Anna. Kathy erhielt als Einstandsgeschenk einen Goldring mit drei Steinen, die Glaube, Liebe und Hoffnung symbolisieren. Die Wohnungseinrichtung ist im Wien Museum am Karlsplatz ausgestellt.

»Der berühmte Poet Franz Grillparzer,
von ihm selbst gezeichnet und gestochen«

Die Regierung des Staatskanzlers Metternich, Fürst Mitternacht nannte der Volksmund ihn hinter vorgehaltener Hand, hatte die Wiederherstellung der alten Ordnung zum Ziel. Polizei und Zensur waren allgegenwärtig. Grillparzers patriotisches Trauerspiel *König Ottokars Glück und Ende* war verboten worden, obwohl es ja eine Verherrlichung des Hauses Habsburg darstellt. Als der Dichter Jahre später einen Hofrat der Zensurstelle nach den Beweggründen zu dieser unerfindlichen Maßnahme fragte, antwortete der gemütlich: Ja schaun S', dass in dem Stuck nix Gefährliches enthalten ist, hab i ja glei gsehn. Aber i hab mir halt denkt: Man kann nie wissen …

Nach den Hindernissen, die man seinen Dramen in den Weg legte, trug Grillparzer sich mehrmals mit dem Plan, aus Österreich auszuwandern. Aber wohin? Über das Schicksal des *Treuen Dieners* berichtete er: Der Polizeiminister Graf Sedlnitzky habe ihm eröffnet, Seine Majestät habe das Stück mit solchem Wohlgefallen gelesen, dass sie es allein besitzen wolle. Die Handschrift werde in Dero Privatbibliothek aufgestellt und keine Kopie genommen. Seine Majestät sei bereit, dem Dichter jeden Schaden zu vergüten.

Nachdem sein Lustspiel *Weh dem, der lügt* durchgefallen war, verzichtete Grillparzer fürderhin auf den Besuch des Hofburgtheaters. Die Direktion sandte ihm für jede Neuproduktion Karten für zwei Sperrsitze, aber er ging nicht selbst, sondern schickte die Schwestern Fröhlich. In den letzten vierunddreißig Jahren seines Lebens betrat er das Theater nur noch ein einziges Mal, um *Des Meeres und der Liebe Wellen* in Heinrich Laubes Inszenierung zu sehen. Nach dem zweiten Akt lief er davon.

Mikrodramen – eine Art Riesenzwerge oder dramatische Kolossalminiaturen – sind keine Erfindung von Wolfgang Bauer & Co. Schon Grillparzers romantische Oper *Der wilde Jäger* erfüllt alle Voraussetzungen der Gattung, namentlich die Disproportion zwischen Umfang und Aktion und dem Aufwand an Bühnenausstattung. In dem knapp dreizehn Textzeilen umfassenden Stück streichen vierzig Violons unisono, zwanzig Pauken sekundieren, zuletzt muss die Galerie unter schrecklichem Gekrach und entsetzlichem Stöhnen der Gequetschten einstürzen.

Grillparzers Stellung als Beamter im Hofkammerarchiv ließ ihm ausreichend Zeit zum Dichten. Trotzdem kam er des Öfteren übernächtig, mit brummendem Schädel zu spät ins Büro. Der vorgesetzte Hofrat empfing ihn mit gerunzelten Brauen: Herr von Grillparzer! Sie sind schon wieder einmal zu spät dran! Der Dichter entschuldigte sich mit den wahrlich klassischen Worten: Herr Hofrat, ich bin heut so spät gekommen, weil ich am Abend ein bisserl früher fortgehen will.

Zweiundvierzig Jahre lang diente Grillparzer als Beamter der Hofkanzlei. Am 19. Februar 1829 notierte er in sein Tagebuch: 12 Uhr Mittag ins Bureau. Keine Arbeit vorgefunden. Bei Beförderungen mehrmals übergangen, schied er schließlich als Archivdirektor des k. k. Finanzministeriums aus dem Amt. Aus diesem Anlass verlieh ihm der Kaiser den Titel eines Hofrats. Der hatte nur den Nachteil, dass er mit keiner Gehaltserhöhung verbunden war. Als man ihm zu der Beförderung beglückwünschte, grantelte er: Ah, gehts mir weg mit so einer Titulatur. Drei Silberzwanzger wärn mir lieber gwesen.

Kurz zuvor hatte der bayrische König ihm den Sankt Michaels-Orden überreichen lassen. Grillparzers Kommentar: Was soll i mit so an komischen bayrischen Bierzipfel? I trink ja doch nur Wein.

Eine Abordnung begab sich zu Grillparzer um ihn zu bewegen, sich dem Komitee zur Errichtung eines Schiller-Denkmals anzuschließen. Ich bin gegen die Monumentomanie, sagte er. Ich mag keine Dichterstandbilder. – Das ist ein Schicksal, dem Sie selbst sich nicht werden entziehen können, argumentierte man. Wie lange noch, und Wien wird Ihr Marmorbild aufstellen! – Na, wenn es durchaus sein muss, so bitt ich halt, dass man mir eine Reiterstatue setzt. Weil auf die Unsterblichkeit kann ich noch lang warten. Und dann dürft ich im Stehen recht müde werden ... Es wurde zuletzt kein Reiterdenkmal, sondern eine marmorne Sitzfigur im Volksgarten, gestaltet von dem Bildhauer Karl Kundmann.

Apropos Stehen. In seinen letzten Lebensjahren wurde Grillparzer als Abgeordneter ins Herrenhaus berufen. Dort saß der in politischen Fragen reichlich unerfahrene Dichter inmitten der konservativen Vertreter der Hocharistokratie. Einer seiner Sitznachbarn war der Feldmarschall Alfred Windischgrätz, der die Aufstände in Wien und Prag niederkartätscht hatte. Als Freunde fragten, wie er sich denn bei Abstimmungen verhalte, erwiderte Grillparzer: Das ist ganz einfach. Wenn der Windischgrätz aufsteht, bleib i sitzen. Und wenn der Windischgrätz sitzen bleibt, steh i auf!

Kathy hat mir heut meinen kranken Fuß verbunden, ein Hemde geflickt und einen Zahn ausgerissen, letzterer war schon recht wacklig, lautet eine Tagebucheintragung Grillparzers. Der alte, mit sich und der Welt zerfallene Grantscherm verkehrte mit niemandem mehr. Nur die junge Frau von Littrow duldete er neben den Schwestern Fröhlich um sich. Sie machte ihm sanfte Vorwürfe ob seiner Unzugänglichkeit. Grillparzer deutete wortlos auf sein Ohr. Jaja, schon gut, meinte sie. Mit etwas weniger Überschätzung Ihres Gehörleidens könnten Sie manchen glücklich machen, dem Sie eine Begegnung gönnen und wie mir Zutritt gestatten. – Zutritt gestatten? Ich? Grillparzer fletschte die gelben Zähne. Gestatte ich Ihnen Zutritt? Sie kommen halt!

Einmal, als sie halt wieder gekommen war, hatte er eine Händel-Biographie vor sich liegen. Gefällt Ihnen das Buch? fragte Frau von Littrow. Jaja, es is ganz interessant. Aber wissen S', beschriebene Musik ist halt wie ein erzähltes Mittagessen.

PAULA GROGGER

1892–1984

Paula Grogger ging im Alter von siebenunddreißig Jahren als Handarbeitslehrerin krankheitshalber wegen Blutspucken in den vorzeitigen Ruhestand. Sie wurde dann zweiundneunzig Jahre alt. Die Aufforderung, der NSDAP beizutreten, beantwortete sie selbstbewusst: Ich bin gern bereit der Vorschrift zu genügen und in allen öffentlichen Angelegenheiten mit ‚Heil Hitler!' zu grüßen, will aber in meinem Privatleben beim ‚Grüß Gott' bleiben. Ich bin eben eine alte Österreicherin.

Mit dem Roman *Das Grimmingtor* ist Paula Grogger weit über ihre steirische Heimat bekannt geworden. Einmal wurde sie vom Öblarner Gemeindediener zum Kotter geholt. Ein Häftling hatte dort etwas Gottloses an die Tür gekritzelt. Sie möge entscheiden, ob man es dem Herrn Pfarrer melden müsse. Sie ging mit und las:

Dass ein Gott ist glaub ich nicht, Unrecht ist sein Werk, darauf sterb ich!

Dies sah wirklich bedenklich nach Ketzerei aus. Paula Grogger legte die Stirn in Falten und überlegte. Dann versetzte sie einfach ein Komma. Und das Geschriebene lautete nun:

Dass ein Gott ist glaub ich, nicht Unrecht ist sein Werk, darauf sterb ich!

* * *

ALBERT PARIS GÜTERSLOH

1887–1973

Im Taufbuch ist Gütersloh schlicht als Konrad Kietreiber verzeichnet. Nach dem homerischen Frauenhelden und der westfälischen Kleinstadt, in der er in jugendlichen Jahren als Schauspieler auftrat, nannte er sich selbstbewusst Paris von Gütersloh.

In ihren literarischen Anfängen belieferten Gütersloh und Heimito von Doderer die liberale Zeitschrift *Der Tag* regelmäßig mit Minifeuilletons, die unter dem Titel *Spitze vom Tag* mehr oder minder aktuelle Ereignisse glossierten. Doderer verehrte Gütersloh als seinen Meister, Gütersloh sah in Doderer seinen begabtesten Schüler. Und beide brachten es zuwege, diese wechselseitige Wertschätzung in ihren Tagesspitzen zum Ausdruck zu bringen. Gleichgültig, worüber sie schrieben, ob über das herrschende Wetter oder die Eröffnung einer neuen Verkehrsampel, in irgendeinem Nebensatz wusste jeder von ihnen eine bewundernde Äußerung über den anderen einzuschmuggeln. Nun existiert ein weinseliges Heurigenlied mit dem reichlich albernen Refrain

> Du guater Himmelvoder,
> i brauch ka Paradies,
> i bleib vü lieba doder
> weil mei Wean für mi's Himmelreich is.

Und alsbald kursierte in den Wiener Literatencafes eine nicht minder alberne Paraphrase dieses Kehrreims mit dem Wortlaut:

> Du guater Himmelvoderer,
> i brauch ka Paradies,
> i les Heimito Doderer
> und Gütersloh Paris.

Sechs Jahre lang wohnten Gütersloh und Doderer Tür an Tür unterm Dach eines Hauses im Wiener 8. Bezirk. Eine herzenswarme Freundschaft konnte zwischen den beiden monomanisch veranlagten Künstlern nicht

Albert Paris Gütersloh,
Selbstbildnis. Kreidezeichnung

aufkommen, es herrschte vielmehr ein streng ritualisiertes Lehrer-Schü-
ler-Verhältnis mit barocken Umgangsformen. Mit dem Erscheinen von Gü-
terslohs symbolträchtigem Wälzer *Sonne und Mond*, in dem Doderer sich
als bogenschießender Ariovist von Wissensdrum böse entstellt wieder-
fand, war die Beziehung endgültig beendet.

Zum sechzigsten Geburtstag Doderers bereitete Hans Weigel eine Fest-
schrift vor, und zwar, wie der Jubilar es gewünscht hatte, grob unzüchtigen

Inhalts. Auch Gütersloh, der einstige Wohngenosse, sollte einen Beitrag liefern. Er antwortete unwirsch: Ich pflege die Feder zu verwenden, und nicht die Schweinsborste.

Die fünfundvierzig Jahre währende Gewissensehe mit Milena Dedovich – ihr entstammte der Maler Wolfgang Hutter – hielt Gütersloh vor der Öffentlichkeit geheim. Vor Dritten sprach er seine Gefährtin nur als Gnädige Frau oder Frau Milena an. Anlässlich der Verleihung des Staatspreises setzte sich ein älterer Herr an ihr Tischchen und flüsterte ihr zu: Sehen Sie, gnä Frau, dort drüben, das ist der Sohn vom Gütersloh, aus der Verbindung mit einer Tänzerin. Jetzt hat er halt auch schon weiße Haar. Frau Milena sah ihren Tischnachbarn belustigt an: Da sehen Sie's. Und ich hab immer geglaubt, dass das m e i n Sohn ist.

* * *

PHILIPP HAFNER

1735–1764

Der Komödienschreiber Philipp Hafner, eine Art Vorläufer von Helmut Qualtinger, war ursprünglich für die Richterlaufbahn bestimmt. Bei dem Gericht, an dem er Dienst versah, wurde in kleinlichster Weise mit Büromaterial gespart. Einmal sollte Hafner ein Verhör führen und hatte nicht einmal ein Blatt Papier, um die Aussage des Beschuldigten festzuhalten. Kurz entschlossen schrieb der junge Beamte das Protokoll mit Kreide auf die Tischplatte und schleppte das vollgekritzelte Möbelstück vor den Stadtrichter.

Bei derartig unbürokratischen Manieren darf es nicht wundern, dass der junge Jurist Talar und Barett bald an den Nagel hängte. Er wandte sich der Bühne zu, wo bisher der Hanswurst seine Stegreif-Spassetteln getrieben hatte. Seine Stücke mit barocken Titeln wie *Der von dreyen Schwiegersöhnen geplagte Odoardo oder Hanswurst und Crispin die lächerlichen Schwestern von Prag* und *Megära, die förchterliche Hexe oder das bezauberte Schloss des Herrn von Einhorn* bieten einen unterhaltsamen Querschnitt durch die gesellschaftlichen Zustände der Zeit Maria Theresias.

Das Theater hörte für Hafner nicht am Bühnentürl auf, auch im wirklichen Leben hat er manche Possen gespielt. Nach einer Sauftour in der Vorstadt kam er mit seinen Spezln ans Kärntnertor. Wien war damals von Mauern umgeben, und wer nach Einbruch der Dunkelheit in die Stadt wollte, musste eine Gebühr entrichten. Wetten, dass ich keinen Sperrkreuzer zahlen muss, renommierte Hafner. Als der Sperrgeldeinnehmer herantrat, schnarrte Hafner von oben herab: Ich bin der Herr von Sowieso aus der Hofkanzlei! Die Beamten der Hofkanzlei waren von der Abgabe befreit, und so ließ ihn der Mann passieren. Ein Aufseher hatte die Szene beobachtet und rief Hafner nach: Was habe ich gehört? Sie wollen der Herr von Sowieso sein? Der ist ja seit drei Jahren tot! Hafner senkte bestürzt den Kopf: Wie? Ist das möglich? Ich bin wirklich tot? Gott tröste mich! Und schritt, ein Taschentuch an die Augen drückend, an dem Aufseher vorbei durchs Tor.

Solche Hafner-Anekdoten wusste man sich dutzendweise zu erzählen. Grillparzers Onkel Joseph Sonnleithner hat sie gesammelt und aufgeschrieben. Einmal gab es in Schönbrunn ein Fest, zu dem nur der Adel Zutritt hatte. Ich weiß, wie ich hineinkomme, prahlte Hafner. Er putzte sich fein heraus, ging zu dem Platz, wo die vornehmen Equipagen vorfuhren, und wartete, bis eine Karosse mit Hofdamen eintraf. Während die Schönen, sorgsam die Röcke raffend, auf der einen Seite ausstiegen, kletterte Hafner auf der anderen Seite in den Wagen und hinter den Damen wieder hinaus. Lakaien reichten ihm den Arm und geleiteten ihn zum Festsaal.

Als er nach Mitternacht auf dem Heimweg beim Kloster der Jesuiten ein Baugerüst entdeckte, hatte er den spaßigen Einfall, den verschlafenen Pförtner herauszubimmeln. Unschuldig fragte er: Pater, wollen Sie mir gütigst sagen, was hier gebaut wird?

Besessene Theaterarbeit, Alkohol und Frauengeschichten hinterließen ihre Spuren. Noch nicht dreißigjährig, war Hafner vom Tod gezeichnet. Freunde umstanden das Krankenbett, und der behandelnde Arzt Doktor Matthes flüsterte ihnen zu, dass leider keinerlei Hoffnung bestehe. Da schlug der vermeintlich Ohnmächtige die Augen auf: Wer sagt das? Der Doktor Matthes? Dann müsst ihr es nicht glauben. Ihr wisst ja, Matthias oder Hiasl nennt man bei uns einen ganz dummen Menschen! Es war seine letzte Pointe. Bald darauf senkte sich für ihn der Vorhang.

PETER HANDKE

geboren 1942

Peter Handkes leiblicher Vater war ein verheirateter deutscher Wehrmachtssoldat namens Schönauer. Die Mutter ehelichte, bevor das Kind zur Welt kam, einen anderen deutschen Soldaten, den Berliner Straßenbahner Bruno Handke, der sich alsbald der Trunksucht ergab.

Nach massiven serbischen Übergriffen gegen die albanische Bevölkerung Montenegros warf die NATO im März 1999 Bomben auf Belgrad. Handke veröffentlichte darauf in der Zeitung *Politika* einen Leserbrief mit dem Titel *Der Mars greift an* und erklärte darin Serbien, Montenegro, die bosnische Republik Srpska und Jugoslawien zum »Vaterland für alle, die keine Mar-

Vielleicht versteht es der Liebe Gott. Peter Handke,
gezeichnet von Gottfried Pils

sianer und grüne Schlächter geworden sind«. Das Preisgeld des Büchner-Preises, immerhin 10.000 Mark, schickte er kommentarlos an die Deutsche Akademie für Sprache und Dichtung zurück und trat aus der katholischen Kirche aus. Den *Kronen Zeitung*-Hausdichter Wolf Martin inspirierte Handkes Serbien-Engagement zu folgendem ein wenig rätselhaften Reimwerk:

Seit Kindertagen kennt man ihn:
Buschs Dichter Bählamm Balduin.
Rein äußerlich erkennt man diesen
auch in Herrn Handke, hochgepriesen.
Und immer mehr nun dünkt es mich,
der ähnelt ihm auch innerlich.
Zumindest seine Serbienreise
Beging er ganz auf Bählamms Weise.

Vor der Uraufführung seines bombastischen Monsterdramas *Spiel vom Fragen* erklärte Peter Handke in einem Interview, dieses Stück verstünden nur er und der liebe Gott. Nach der Vorstellung im Burgtheater meinte er nachdenklich: Vielleicht versteht es nur der liebe Gott.

Sein utopisches Stück *Der Ritt über den Bodensee* verzichtet auf eine nacherzählbare Handlung und einen realistischen Sinnzusammenhalt. Die Bedeutung der Bilderfluten muss jeder Zuschauer für sich selbst enträtseln. Die Schauspielerin Adrienne Gessner verfolgte die Premiere in der Direktionsloge des Burgtheaters. Am darauffolgenden Morgen fragt eine neugierige Kollegin am Telefon, wie ihr die Aufführung gefallen habe. Weiß nicht. Bin in der Pause gegangen. – Adrienne, in dem Stück ist doch gar keine Pause. – Ach so? Ich hab gedacht, das war die Pause.

Den hochdotierten Wildgans-Preis der Industriellenvereinigung hat Handke abgelehnt, weil deren Zeitschrift ihn als »einen der genialsten Opportunisten der Nachkriegszeit« bezeichnet hatte. Für den in seinem Pariser Domizil gehorteten so genannten Vorlass kassierte er von der österreichischen Nationalbibliothek aus Steuermitteln 500.000 Euro.

Peter Rühmkorf urteilte über den erfolgreichen Kollegen: Verwöhntes Kerlchen, das seine Gereiztheiten als innere Verwerfungen ausstellt. Ein öffentliches sich wichtig nehmen, das der Belanglosigkeit seines blinden Reiselebens auf spiegelverkehrte Weise entspricht. Poetische Auslassungen widmete das verwöhnte Kerlchen sogar einem *Versuch über das stille Örtchen*, das in aller Welt ohne Not aufzusuchen er sich zur Gewohnheit gemacht hat.

* * *

FRIEDRICH HEBBEL

1813–1863

Ein Stipendium des dänischen Königs ermöglichte es dem Maurersohn aus Wesselburen, in Paris zu studieren. Eine wohlhabende Dame fand Gefallen an dem blonden, hochgewachsenen Norddeutschen und bestürmte ihn mit Einladungen in ihren Salon. Bei einem seiner Besuche sagte sie ohne Umschweife: Heiraten Sie mich! Hebbel war nicht so leicht aus der Fassung zu bringen: Wie soll das möglich sein? Sie sind ja verheiratet! – Pah, ein Wort von Ihnen und ich bin morgen Witwe. – Ich würde Sie vielleicht heiraten. Wenn mich nicht ein besonderer Umstand zurückhielte. – Und der wäre? flötete die Dame. Sie haben Ihren Mann einst aus Liebe geheiratet und wollen ihn jetzt meinetwegen aus dem Weg räumen. Wer garantiert mir, dass Sie nicht morgen oder übermorgen ebenso gut einem anderen zuliebe mich aus dem Weg räumen?

Vor seiner Ehe mit der Burgtheater-Tragödin Christine Enghaus hat Hebbel in großer wirtschaftlicher Bedrängnis gelebt. Seine Gesundheit hatte unter den Entbehrungen gelitten und er war ein kranker Mann geworden. Seine Frau fragte besorgt: Es geht dir wohl schlecht? Hebbel antwortete mürrisch: Natürlich geht es mir schlecht. Ich bin ja schon sechsundvierzig! Am nächsten Tag sagte sie ermutigend: Heute schaust du gut aus. Es geht dir bestimmt besser. Und Hebbel: Natürlich geht es mir besser. Ich bin ja erst sechsundvierzig.

Hebbel rang hart um sein Werk. Oft vergingen Monate, bevor er ein angefangenes Manuskript fortsetzte. Dann wieder schrieb er mit wahrem Feuereifer. Mit jeder Szene, die er zu Papier brachte, war er auf den Fortgang der nächsten neugierig. Als er an den *Nibelungen* arbeitete, äußerte er zu einem Freund: Seit acht Tagen liegen Kriemhild und Brunhild einander in den Haaren. Ich bin gespannt, was die Gfraster heute sagen werden.

Die Hauptfigur in Hebbels Trauerspiel *Maria Magdalena* heißt Klara, und so wollte der Autor sein Stück genannt haben. Doch der Verleger Campe wählte eigenmächtig den auf Parallelen zwischen der allgemein bekannten biblischen Gestalt und der Dramenheldin anspielenden Titel. Hebbels Tagebücher spiegeln die schweren geistigen Auseinandersetzungen eines Mannes, der den sittlichen Unterbau der Welt unablässig in Frage stellt. Die Welt ist ein Witz, hielt ihm ein Spötter vor. Wer sie dafür nimmt, junger Mann, fauchte Hebbel, hat einfach die Pointe nicht verstanden, die Gott hineingelegt hat.

Adalbert Stifter erklärte Hebbels »Sachen« für »unbedeutendes Gemache«. Erstaunlich und erschreckend sei für ihn das Phänomen, »dass man ihn einen Dichter nannte, ja dass man Größe an ihm fand.« Auf der anderen Seite steht Franz Kafka, der sich die Selbstbeobachtung und Selbstbeurteilung in Hebbels Tagebüchern zum Muster nahm: »Wenn man so ein Leben überblickt, das sich ohne Lücke wieder und wieder höher türmt, so hoch, dass man es kaum mit einem Fernrohr erreicht, da kann das Gewissen nicht zur Ruhe kommen. Aber es tut gut, wenn das Gewissen breite Wunden bekommt, denn dadurch wird es empfindlich für jeden Biss.«

Hebbel wurde in der Gruft Nr. 38 im evangelischen Friedhof in Wien Matzleinsdorf beigesetzt. Nur in jedem Fall keine Todesanzeige, schrieb er ins Testament. Keine Trauerzettel, kein Leichengefolge und keine Rede am Sarg! Das im Zentralfriedhof bereitgestellte Ehrengrab ist bis heute nicht belegt.

RUDOLF HENZ

1897–1987

Bei einer Probe des Burgtheater-Studios zu dem Henz-Stück *Flucht in die Heimat* ließ der Regisseur das vorgesehene Gebell des treuen Haushunds Tyras von einer Schallplatte zuspielen. Der zufällig anwesende Direktor schoss aus dem Hintergrund und brüllte: Weg mit der scheußlichen Platte. Ist denn kein Statist da, der bellen kann? Es war einer da, der konnte. Er forderte aber zusätzlich zu seiner Gage 2,50 Schilling. Bei der Generalprobe stellte sich heraus, dass der Einsparungskommissar die Gage für das Gebell gestrichen hatte. Mit einem aus eigener Tasche gespendeten Fünfschillingstück rettete der Autor die Premiere. Bei der nächsten Vorstellung wollte Henz nicht zahlen – der Hund schwieg. Richard Eybner, der einen arbeitslosen Kellner spielte, sprang ein mit dem Gebell eines altersschwachen Bernhardiners. Das ließ wiederum den Imitator

Woher kennen die mich? Rudolf Henz.
Zeichnung von Georg Chaimowicz

unter den Statisten nicht ruhen, und so bellte er diesmal und alle weiteren Vorstellungen kostenlos. Wieso Eybner, ein bewährter Stimmenimitator, ausgerechnet bei jenem Hund versagt hat, ist viele Jahre später klar geworden: als er zum Präsidenten der Katzenvereinigung gewählt wurde.

Ein selbstbewusster junger Autor hatte es nach vielfältigen Bemühungen geschafft, Rudolf Henz sein neuestes dramatisches Werk *Fahrstuhl zur Hölle* vorzutragen. Ein sprödes expressionistisches Problemstück, vollgepackt mit allen schwelenden Fragen der Zeit. Nach der Lesung verharrte er, von seinem Erfolg überzeugt, mit halboffenem Mund in erwartungsvoller Stille. Henz wiegte das graue Haupt. Junger Mann, urteilte er gütig, so was dürfen Sie erst schreiben, wenn Sie einmal berühmt sind. Bis dahin müssen Ihre Stücke gut sein.

Es war in den Anfangstagen der Ravag. Ein eifriger Redakteur schlug im Programmbeirat eine medizinische Sendereihe vor mit Titeln wie *Du und deine Leber*, *Du und deine Galle* und schließlich *Du und dein Harn*. Es entstand Stille in der Runde. Henz blickte ein wenig ratlos vor sich hin. Dann erhob er zweifelnd die Stimme: Ich weiß nicht – ich steh zwar auf ganz gutem Fuß mit meinem Harn ... Aber per Du?

Bald nach dem Krieg wurde Rudolf Henz Programmdirektor des Rundfunks. In dieser Eigenschaft besuchte er im Praterstadion ein Fußballmatch. Der wie immer zu spät Kommende hatte kaum die Ehrentribüne betreten, als wegen eines Vorfalls auf dem Spielfeld die Zuschauer rundum in Hands! Hands!-Rufe ausbrachen. Der also Bejubelte, verwundert zu seiner Begleitung: Woher kennen die mich alle?

THEODOR HERZL

1860–1904

Mit dem Lustspiel *Der Flüchtling* hatte es Theodor Herzl zu Burgtheaterehren gebracht. In der gemeinsamen Sommerfrische Aussee wollte er den Freunden Beer-Hofmann, Hofmannsthal und Schnitzler auf einer Plätte sein neues Opus vorstellen. Kaum hatte das Gefährt abgelegt, öffnete er die Mappe mit dem Manuskript und begann zu rezitieren. Beer-Hofmann hob abwehrend die Hände: Das ist nicht fair, Theo. Jetzt, wo man nicht aussteigen kann.

Im Alter von sechsunddreißig Jahren veröffentlichte Herzl seine Schrift *Der Judenstaat*. Sie stieß, wie nicht anders zu erwarten war, auf Unverstand und Ablehnung. Anton Bettelheim verspottete das Buch als »Gründungsprospekt einer jüdischen Schweiz«. Und in den Wiener Salons kursierte die Scherzfrage: Wissen Sie, was Zionismus ist? Wenn ein Jud einen zweiten Juden um Geld anschnorrt, damit ein dritter Jud nach Palästina fahren kann.

Auf Reisen und in unzähligen Gesprächen warb Herzl für seine Idee. In Berlin sagte ihm Staatssekretär Bülow: Die Juden sind doch bisher immer nach Westen gezogen. Glauben Sie wirklich, dass sie jetzt nach Osten ziehen

Wir sind um den ganzen Erdball herumgezogen. Theodor Herzl, gezeichnet von Leon Blum

werden? – Exzellenz, antwortete Herzl, wir Juden sind bereits einmal um den ganzen Erdball herumgezogen. Osten ist für uns jetzt wieder Westen.

Sogar die *Neue Freie Presse*, deren Feuilletonredakteur Herzl war, stand der zionistischen Bewegung ablehnend gegenüber. Moritz Benedikt, der Herausgeber des Blattes, begründete seine Haltung mit den Worten: Ich bin nicht projüdisch, ich bin nicht antijüdisch, ich bin ajüdisch.

Herzls Weg zum Zionismus war keineswegs geradlinig verlaufen. Als Mitglied einer schlagenden Burschenschaft urteilte er durchaus abfällig über seine Glaubensgenossen. An seine Eltern schrieb er: Gestern war eine große Soiree bei Treitls. Dreißig oder vierzig Juden. Nicht gerade ein tröstlicher Anblick. Und aus Ostende berichtete er: Obwohl eine Menge Juden hier sind, sind doch die übrigen Badegäste recht angenehm.

Der geistige Vater des Staats Israel starb im niederösterreichischen Kurort Edlach an der Rax an Herzschwäche. Wenige Tage vor seinem Tod verabschiedete er einen Besucher, indem er auf die im Abendlicht liegende Landschaft zeigte, mit den Worten: Le soir – mon soir – bon soir.

FRITZ VON HERZMANOVSKY-ORLANDO

1877–1954

Herzmanovsky-Orlando, der kauzig-verspielte Schilderer österreichischer Absonderlichkeiten, war vorübergehend in einem auf Renovierung alter Burgen spezialisierten Ingenieurbüro tätig. Er erfand einen speziellen Hohlziegel zur Entwässerung feuchten Mauerwerks und eine selbstständig tätige Klospülung für Bräukeller.

In Dresden besaß Herzmanovsky-Orlando ein ansehnliches Zinshaus. Es ging im Krieg in Trümmer, die Ruine sollte abgetragen und durch einen Neubau ersetzt werden. Der Schriftsteller verlangte vom Magistrat, der Schutthaufen müsse erhalten bleiben und darauf eine Inschrift angebracht werden: Das verdanken wir unserem Führer! Sogar einen Prozess strengte er deswegen an. Überflüssig zu sagen, dass er ihn verlor.

Herzmanovsky-Orlando lebte als privatisierender Bohemien in Meran. Eine Kellnerin seines Stammlokals hatte es ihm ihrer üppigen Figur wegen angetan und wurde von ihm entsprechend umschwärmt. Eines Nachmittags, während sie die Melange und, wie sich's gehört, dazu ein Glas Wasser servierte, zog sie ein griesgrämiges Gesicht. Auf die Frage, was denn das zu bedeuten habe, antwortete sie kurz angebunden: Nix. Es ist mir halt

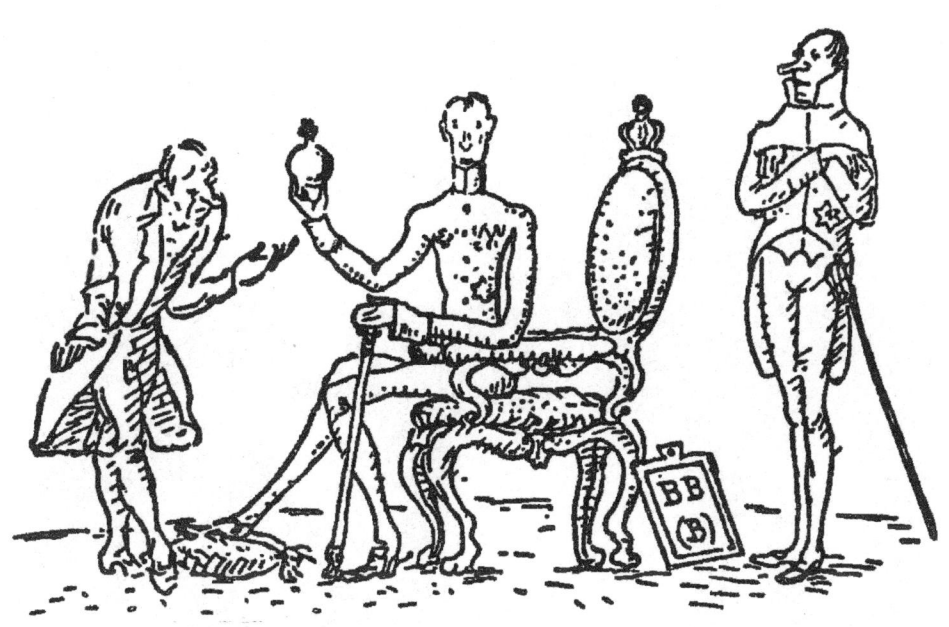

Gott erhalte, Gott beschütze uns den Mond und den Pagat.
Zeichnung von Fritz von Herzmanovsky-Orlando

was über die Leber gekrochen. Herzmanovsky-Orlando blickte ihr voll Sehnsucht tief in die Augen und seufzte: Dir möcht ich auch einmal über die Leber kriechen.

Das im *Maskenspiel der Genien* beschriebene Traumland hieß ursprünglich Tarockei. Erst der Herausgeber Friedrich Torberg machte daraus in Anlehnung an Robert Musils Kakanien Tarockanien. Zur Melodie der alten Kaiserhymne singt man dort:

> Gott erhalte, Gott beschütze / uns den Mond und den Pagat
> überdies / auch den Sküs!
> Der vor allem Thrones Stütze / Stütze auch von Volk und Staat!

Auf den Semmering kommen halt viel mehr Leut.
Hofmannsthal und Richard Strauss am Klavier.
Schattenriss von Willi Bithorn

HUGO VON HOFMANNSTHAL

1874–1929

N ach dem Abschluss der Arbeiten an der Tragödie *Elektra* kamen Hugo von Hofmannsthal Zweifel, ob seine anspruchsvolle Dichtung in der Vertonung von Richard Strauss den gleichen Erfolg haben würde wie die publikumswirksame *Salome*, die dem Komponisten ein kleines Vermögen eingebracht hatte. Aber Hugerl, ich bitt dich, beruhigte ihn sein Entdecker Hermann Bahr. Die *Salome* ist doch höchstens der Semmering. Und die *Elektra*, die ist der Montblanc. – Sehr lieb, sehr lieb was du da sagst, antwortete Hofmannsthal. Aber auf den Semmering kommen halt viiiel mehr Leut als auf den Montblanc.

Im Gespräch mit Egon Friedell jammerte Hofmannsthal, Richard Strauss habe keine gute Musik zu seinem *Rosenkavalier* gemacht. Ihm wäre Lehar als Komponist lieber gewesen. Sie haben Recht, meinte Friedell. Und wenn man auch noch den Textdichter ausgetauscht hätte, wäre es eine ganz gute Oper geworden.

Nach der Generalprobe zum *Schwierigen* reichte Graf Mensdorff-Pouilly dem Dichter wohlwollend die Hand: Reizend, charmant, lieber Herr von Hofmannsthal. Aber sagen Sie mir eines: Gebraucht denn die Wiener Gesellschaft wirklich so viele Fremdworte? Könnt man das net ein bissel attentuieren?

Des Dichters Heim in Rodaun, das ehemalige Jagdschlössl der Gräfin Fuchs, war ein Treffpunkt der geistigen Welt. Sein Gästebuch liest sich wie das Register zu einer Kulturgeschichte des frühen zwanzigsten Jahrhunderts. Er sammelte Antiquitäten, Möbel, Porzellan, Gemälde. Ein Blumenstillleben von van Gogh erwies sich noch als Fälschung. Picassos Selbstbildnis hingegen, aus den *Rosenkavalier*-Tantiemen gekauft, erzielte bei einer Auktion 47,85 Millionen Dollar. Wie in einem Museum war ein Teil der Möbel, der besonders alt und zerbrechlich war, durch ein Seil abgegrenzt. Im Kriegssommer 1916 war Rilke in Rodaun. Er übersah das Seil und setzte sich unbefangen auf einen der wohlbehüteten Sessel. Frau Gerty von Hofmannsthal reckte die Hände zum Himmel und schrie: Er hat sich gesetzt, Rilke! Was für ein Malheur! Zum Glück ist er nicht schwer!

Hofmannsthal verbrachte den Sommer in Aussee, Arthur Schnitzler urlaubte im nahe gelegenen Ischl. Bei einem Besuch erwähnte Schnitzler, dass die Ischler Sommerbühne seine *Liebelei* aufführen werde. Hofmannsthal, der die Vorstellung ansehen wollte, bat den Kollegen, ihm Karten zu beschaffen und auch ein Nachtquartier zu bestellen. Zwei Tage später kam ein Telegramm von Schnitzler: sitze besorgt hotel elisabeth. Hofmannsthal, dem längst entfallen war, worum er den Freund gebeten hatte, las ratlos die Depesche und drahtete zurück: warum sitzest besorgt hotel elisabeth?

Nach dem Riesenerfolg des *Jedermann* fuhr Hofmannsthal, was er nicht oft tat, in der Wiener Tramway. Da stand ein Fahrgast auf, trat zuerst zögernd, dann freudig erregt auf ihn zu, gab sich als ehemaliger Mitschüler am Akademischen Gymnasium zu erkennen und sagte: Hofmannsthal! Also dass man dich wieder einmal sieht! Von allen anderen aus unserer Klasse hat man etwas gehört oder erfahren, nur von dir – nie mehr ein Wort!

Beim Spaziergang im Wiener Volksgarten traf Hofmannsthal Egon Friedell. Beide schritten eine Weile in lebhafter Unterhaltung auf knirschendem Kies nebeneinander her. Bei einer Baumgruppe blieb Friedell stehen und erklärte: Hier, an dieser Stelle wird in zwanzig oder dreißig Jahren Ihr Denkmal stehen! Hofmannsthal wehrte bescheiden ab: Das mag schon sein. Die Leute werden daran vorbeigehen und fragen: Hofmannsthal? Hofmannsthal? Wer war denn das?

Der Philosoph Friedrich Eckstein stand in dem Ruf allwissend zu sein. Beim Flanieren mit Hofmannsthal hüpfte ihnen im Stadtpark ein seltsamer Vogel über den Weg, den Eckstein sogleich als ägyptischen Königshüpfer agnoszierte. Eine Abart unseres Wiedehopfs – kann nicht fliegen, bewegt sich nur hüpfend vorwärts; den Winter verbringt er in Ägypten, daher der Name. – Hofmannsthal gestattete sich ein leises Staunen: Sie haben doch gerade gesagt, dass er nicht fliegen kann. – So weit kann er fliegen, replizierte Eckstein ungerührt.

Ein aus München angereister Grünschnabel überreichte Hofmannsthal stolz sein Erstlingswerk, eine fünfaktige Tragödie, und bat um fachmännische Beurteilung. Nach geraumer Frist empfing der Berühmte den Anfänger, lud ihn zum Sitzen ein und schlich mit höflichen Worten um den heißen Brei herum: Nun, Herr Kollege, man kann über Ihr Stück natürlich geteilter Meinung sein ... – Wollen Sie damit sagen, dass es ein Schmarrn ist? – Genau das, strahlte Hofmannsthal. Aber wir Österreicher pflegen so was halt nicht so offen auszusprechen.

Hofmannsthal fühlte sich als später Erbe und Masseverwalter jahrhundertealter Überlieferung. Mit Raoul Auernheimer führte er ein Gespräch über die seiner Meinung nach hoffnungslose Lage des österreichischen Schriftstellers. Was soll er also tun, der österreichische Schriftsteller? fragte Auernheimer. Sterben, antwortete Hofmannsthal.

Kurz bevor sein Sohn Franz sich erschoss, hatte Hofmannsthal einen Traum. Ihm war, als wolle er auf dem Korridor nach seinem Hut greifen, der zwar am gewohnten Haken hing, aber sich trotz aller Anstrengung nicht erreichen ließ. Am Tag der Beerdigung, als er den Zylinder vom Haken nehmen wollte, um dem Sarg zu folgen, griffen seine Arme ins Leere, sanken kraftlos dahin. Der Tod hatte ihn an der Hand genommen. Vater und Sohn wurden im selben Grab beigesetzt, der Vater gemäß einer letztwilligen Verfügung in einer Kutte des Dritten Ordens der Franziskaner.

Im Bezirksgericht Liesing schlummert ein Gutachten des Schutzverbands deutscher Schriftsteller über den Wert der Autorenrechte Hofmannsthals. In der Kategorie Lyrik und Prosawerke seien die Erträgnisse überhaupt nicht in Betracht zu ziehen. Von den Dramen kämen nur *Jedermann* und *Der Schwierige* in Betracht, doch sie hätten künftig wenig Aussicht gespielt zu werden. Auch die Tantiemen der Strauss'schen Opern dürften mit Rücksicht auf die kolossalen Kosten der Aufführung gering sein. Das Zugstück *Der Rosenkavalier* sei einigermaßen abgespielt. Summa summarum würden die Autorenrechte nicht mehr als 90–100.000 Schilling ausmachen. Zum Glück der Erben ein Riesenirrtum.

* * *

ÖDÖN VON HORVATH

1901–1938

D er Diplomatensohn Ödön von Horvath kam als Student durch Zufall zur Schriftstellerei. In München hatte er den Komponisten Siegfried Kallenberg kennen gelernt. »Er kam auf mich zu und fragte, ob ich für ihn nicht eine Pantomime schreiben wolle. Er muss mich verwechseln, dachte ich. Und ursprünglich wollte ich ihn auch aufklären. Dann aber durchzuckte mich der Gedanke, warum sollst du es nicht probieren? Ich sagte Kallenberg Ja, setzte mich hin und schrieb die Pantomime *Das Buch der Tänze*«. Das Werk gehört heute zu den gesuchten Seltenheiten der Buchantiquariate. Kurz nach dem Erscheinen rief der Autor alle fünfhundert Exemplare zurück, weil Zweifel an dessen Qualität in ihm aufgetaucht waren. Sogar Freunde bat er um Rückgabe des Bandes und warf einen nach dem anderen ins Feuer. Zwei Jahre später fragte der Filmautor Geza von Cziffra seinen Landsmann: Sag einmal, Ödön, wie schreibt man eine Pantomime? Horvath lachte: Am besten gar nicht.

Dem großgewachsenen Ungarn mit den melancholischen Augen wurden zahlreiche Freundinnen nachgesagt. In einem Berliner Cafe lernte er durch Geza von Cziffra die Serviererin Gitte Braun, genannt Pummelchen, kennen. Die fand gleich Grund zum Kichern: Komisch. Bisher habe ich noch keinen Ungarn gekannt, und jetzt gleich zwei. Schade, dass Sie keine Husarenuniform tragen. Ich finde die roten Hosen so pompös. Horvath ging gleich aufs Ganze: Ich habe eine Uniform zu Hause. Wenn Sie wollen, ziehe ich sie Ihnen zuliebe an. Pummelchen schüttelte den Kopf: Also nein, so schnell doch nicht. Sie wandte sich an Cziffra: Hat er wirklich eine Husarenuniform? – Einen roten Pyjama hat er, lachte der Freund und entschuldigte sich für einige Minuten. Als er an den Tisch zurückkam, waren Horvath und Pummelchen fort. Nur die unbezahlte Rechnung lag auf dem Tisch.

So mancher der Autoren, die nach der Machtergreifung Hitlers aus politischen Gründen nicht in Erscheinung treten durften, schlug sich durch, indem er unter fremdem Namen Filmdrehbücher schrieb. Paul Hörbiger hatte die Idee zu einem Film, der das *Fiakerlied* von Gustav Pick in den Mittelpunkt eines kitschigen Reissers stellte. Aber Gustav Pick war Jude. Es war zweifelhaft, ob Propagandaminister Goebbels das Projekt genehmigen würde. Horvaths Rat: Schreiben wir einfach: Frei nach Motiven von Anzengruber. 1936 wurde *Fahrn ma, Euer Gnaden* verfilmt – nach einem Drehbuch von Hanns Sassmann und E. W. Emo, das Ödön von Horvath geschrieben hat.

Nach der so genannten Kristallnacht, in der es zu zertrümmerten Auslagenscheiben, geplünderten Geschäften und unbeschreiblichen Gewalttatten gegen jüdische Mitbürger gekommen war, saß Horvath im Salzburger Bahnhofsrestaurant mit den beiden Geschäftsführern des Kiepenheuer Verlags beisammen, die mit dem Nachtzug aus Berlin angereist waren. Mit Verschwörermiene zischelte man sich die jüngsten Gräuelmeldungen zu. Nachdem er eine dreiviertel Stunde lang eisern geschwiegen hatte, tat Horvath endlich den Mund auf und äußerte zu einem vorbeihuschenden Kellner den bedeutungsschweren Satz: Ober, bringen Sie mir einen garnierten Liptauer!

Horvath wurde nach dem Besuch von Walt Disneys Zeichentrickfilm *Schneewittchen und die sieben Zwerge* auf der Pariser Avenue Marigny während eines Gewitters von einem herabstürzenden Ast erschlagen. In seiner Manteltasche fand man einen Packen Pornofotos: nackte Mädchen in Liebesspielen mit ihresgleichen. Er wurde im Friedhof Saint Quen begraben. Joseph Roth, der die Trauerrede hielt, war so betrunken, dass er in die offene Grube fiel. Der Leichnam, was davon noch übrig war, wurde 1988 von Paris in ein Ehrengrab im Heiligenstädter Friedhof umgebettet.

* * *

LOTTE INGRISCH

geboren 1930

Vor ihrer Ehe mit dem Komponisten Gottfried von Einem war die Schriftstellerin mit dem Philosophen Hugo Ingrisch verheiratet. Das neue Glück begann mit einem Riesenschock: Der Ex drehte den Gashahn auf. Die Feuerwehr rettete ihn, und er kam, wie in solchen Fällen üblich, in die Psychiatrie, in die Klinik des berühmten Professors Hans Hoff. Sofort rief Gottfried von Einem Hoff an und beschwor ihn, alles Menschenmögliche für den Patienten zu tun. Und so passierte es, dass der ahnungslose Professor dem verhinderten Selbstmörder, kaum dass der das Bewusstsein erlangt hatte, einen schönen Gruß von Herrn von Einem bestellte – worauf dieser das Bewusstsein sofort wieder verlor. Tagelang saß Lotte vor der Krankenzimmertür des Verflossenen und heulte sich die Augen aus. Irgendwann bestellte Hoff sie zu sich. Danach traf er sich mit Gottfried von Einem und sagte: Was? Wegen dem Hascherl?

In ihrem Haus in Rindlberg wurde Lotte Ingrisch eines Nachts durch ein Rascheln geweckt. Die Geräusche kamen, wie sich herausstellte, aus dem Papierkorb und wurden von einer Maus verursacht, die seelenruhig an einem ihrer Manuskripte nagte. Sie war, versicherte Ingrisch, das einzige Wesen außer mir, das sich dafür interessierte.

Lotte Ingrisch war mit Franz Schafranek, dem Direktor des Vienna English Theatre, befreundet. Ein gemeinsamer Bekannter hatte sich umgebracht. Speiseröhrenkrebs. Da hätte er, meinte sie, ohnedies nicht mehr lange gelebt. Schon, gab Schafranek zu. Aber man ist halt nicht immer aufgelegt zum Sterben.

Als Lotte Ingrisch ihr *Donnerstagebuch* veröffentlichte, ließ sie den Namen des Wiener Kulturstadtrats Jörg Mauthe als Co-Autor auf den Titel drucken, der damals längst tot war. Sie habe mit ihm verabredet, dass er sich bei ihr aus dem Jenseits melden werde. Nun habe er Wort gehalten und ihr den Text in die Maschine diktiert. Mauthes Sohn Philipp zog daraus die Konsequenz und verlangte die ihm als Erben zustehenden Honoraranteile. Bevor das Bezirksgericht die Betroffenen laden musste, ließ Jörg Mauthe durch Frau Ingrisch verlauten, dass sie seine Tantiemen sozusagen nur kommissarisch verwalten solle.

Lotte Ingrisch und ihr Ehemann Gottfried von Einem, politisch im linken Lager engagiert, verspürten den Wunsch nach einer standesgemäßen Adresse mit imperialem Flair. Im Gegenzug waren sie bereit, der Nationalbibliothek Teile ihrer Korrespondenz zu überlassen. Sohn Caspar, der Innenminister, fand, wie der Zufall so spielt, eine freistehende Wohnung in der ehemaligen kaiserlichen Residenz und vermietete sie dem Künstlerpaar. Alexander Lernet-Holenia hatte in dem Gebäude die Räume des Kronprinzen Rudolf bewohnt. Eine Stiege in der Hofburg trägt jetzt den Namen Gottfried-von-Einem-Stiege.

* * *

Musikalischer Fluss von Stimmen und Gegenstimmen.
Elfriede Jelinek.
Karikatur von -ion

ELFRIEDE JELINEK

geboren 1946

Elfriede Jelinek sollte Berufsmusikerin werden. Als Jugendliche lernte sie Klavier, Orgel, Blockflöte, Geige und Komposition. Kurz nach der Matura erkrankte sie an einer Angstneurose, die es ihr unmöglich machte, unter Leute zu gehen. Ein Jahr lang verließ sie nicht das Haus ihrer Eltern. Zur Überreichung der Nobelpreis-Urkunde schickte sie eine Videobotschaft nach Oslo.

Während ihrer Studentinnenzeit gehörte das Penzinger Bürgertöchterl der marxistischen Wiener Kommune an. Sie spendete einen namhaften Geldbetrag für das Wiener Che Guevara-Denkmal.

Den Nobelpreis erhielt Elfriede Jelinek für ihren musikalischen Fluss von Stimmen und Gegenstimmen in Romanen und Theaterstücken, die mit außergewöhnlichem sprachlichen Eifer die Absurdität gesellschaftlicher Klischees und ihre unterjochende Kraft enthüllen.

Ihr Roman *Die Kinder der Toten* besteht aus 188.186 Wörtern, der Wortschatz umfasst 25.891 Vokabel – wohingegen der wortarme Goethe in *Faust I* mit bloß 6.259 Vokabeln sein Auslangen findet.

Der verewigte *Krone*-Hausdichter Wolf Martin schwang sich zum folgenden wenig schmeichelhaften Reimwerk auf:

> Es übt sich ohne Unterlass
> Frau Jelinek im Deutschenhass.
> Die solln, weil sie Verbrechern gleichen
> »die Goschen halten und sich schleichen.«
> Hört sie nur »Deutschland«, muss sie »kotzen«.
> Nicht müde wird sie, anzurotzen,
> die nun auf alle Zeiten müssen
> die Untat ihrer Vorfahrn büßen.

* * *

Das geht nie über Bodenbach hinaus. Franz Kafka.
Linolschnitt von Hans Fronius

FRANZ KAFKA

1883–1924

Bevor Franz Kafka eine einzige Zeile veröffentlicht hatte, setzte sich Max Brod für seinen Jugendfreund ein. Er schrieb einen hymnischen Artikel in der *Prager Presse* und nannte ihn »genial«. Einmal sagte er sich bei Willy Haas an, der eine expressionistische Zeitschrift herausgab. Franz Werfel war sozusagen als Fachmann zugegen. Brod las eine Skizze von Kafka, noch eine und noch eine dritte. Werfel und Haas schauten einander ratlos an. Schließlich urteilte Werfel: Also, das geht niemals über Bodenbach hinaus. (Teschen-Bodenbach war die Grenzstation zwischen Böhmen und Deutschland).

Zu seinen Lebzeiten blieb Kafkas Werk völlig unbeachtet. Sein erstes Buch *Betrachtung* druckte der Rowohlt Verlag in einer Auflage von achthundert Exemplaren, von denen nicht ganz dreihundert verkauft wurden. Die übrigen Bestände wanderten zum Kurt Wolff Verlag nach Leipzig. Für das Geschäftsjahr 1917/18 verzeichnete Wolff den Absatz von 69 honorarpflichtigen Exemplaren. Bei einem Verkaufspreis von 2 Mark 50 und einem Entgelt von 15 % des Ladenpreises ergab sich ein Honorar von 25 Mark und 86 Pfennig, die dem Konto des Autors gutgeschrieben wurden. Die Prager Buchhandlung André verkaufte nicht mehr als elf Exemplare. Also, das verstehe ich nicht, rätselte der Autor. Zehn Bücher habe ich selbst gekauft und an Bekannte verschenkt. Jetzt möchte ich wissen: Wer hat das elfte?

Das von Max Brod gegen den Willen des Autors vor der Vernichtung bewahrte Originalmanuskript des Romans *Der Prozeß* wurde 1988 in London versteigert. Der Käufer bezahlte eine Million Pfund, das ist der höchste Preis für ein neuzeitliches Manuskript. Kafkas Korrespondenz mit seiner Verlobten Felice Bauer war einem Bieter im Juni 1987 auf einer Auktion bei Sotheby's in New York 605.000 Dollar wert.

Nachdem Kafka sich an einem Theaterstück versucht hatte, sagte er Freunden, die es kennen lernen wollten: Das einzig nicht Dilettantische an dem Stück ist, dass ich es nicht vorlese.

In der Wohnung seines Schulfreunds Felix Weltsch trat Kafka versehentlich in das Zimmer, in dem das Familienoberhaupt sein Mittagsschläfchen hielt. Als der alte Herr verstört von der Ottomane auffuhr, legte der Eindringling beruhigend den Finger an die Lippen und flüsterte, auf Zehenspitzen rückwärts schreitend, beschwörenden Mundes: Betrachten Sie mich bitte als Traum.

Zu Kafkas Jugendfreunden zählte der Lyriker und Erzähler Johannes Urzidil. Einmal kam ein gemeinsamer Bekannter angerückt, mit Kamera und einem Vergrößerungsapparat beladen. Auf Kafkas Frage, warum er dies alles mit sich herumschleppe, antwortete der Mann, er habe sich den Apparat ausgeliehen, um Familienbilder zu vergrößern. Wen haben Sie denn fotografiert? – Meine Tante. Und meine Schwiegermutter. – Und das vergrößern Sie noch? fragte Kafka.

Kafkas Gedächtnis war unheimlich. Einmal kam er zu Willy Haas, der für eine Reise packte. In dem Koffer obenauf lag eine Ausgabe von Pascals *Gedanken*. Was ist das für ein Buch? fragte Kafka. Das müssen Sie unbedingt lesen, es wird Ihnen etwas bedeuten! Als Haas nach Jahren Kafka wiedersah, fragte er nach einigen höflichen Bemerkungen über das Wetter und das langweilig gewordene Leben in Prag: Was lesen Sie denn jetzt? – Eigentlich immer noch das Buch, das Sie mir zuletzt empfohlen haben.

Bevor Kafka an der Prager Uni mit dem vom Vater gewünschten Jus-Studium begann, hatte er zwei Wochen lang Chemie inskribiert. Nach seiner juristischen Promotion war er bei der Arbeiter-Unfall-Versicherungs-Anstalt für Böhmen angestellt. Hier befasste er sich mit Gerichtsurteilen betreffend die Klassifizierung von Arbeiten nach dem Grad des Risikos und den Versicherungsfolgen von Unfällen an Hobelmaschinen. Als Ghostwriter für seinen Vorgesetzten Eugen Pfohl verfasste er einen Vortrag über die Organisation der Unfallverhütung in Österreich. Der Bericht wurde beim Internationalen Kongress für Rettungswesen in Wien als Sonderdruck an die Delegierten verteilt. Er hatte eine höhere Auflage als alle Veröffentlichungen Kafkas zu Lebzeiten.

Kafka schrieb seine Werke auf deutsch. Seine erste Übersetzerin ins Tschechische war die Modejournalistin Milena Jesenska. Sie war Kommunistin, morphiumsüchtig, mit dem Länderbank-Beamten Ernst Polak verheiratet. Wegen Schmuckdiebstahls war sie vor Gericht gestanden (ihre Rechtfertigung: »Ich war in einer erotischen Krise«) und saß auf einem Haufen Schulden. Kafka schickte ihr Geld, gab ihr alle Tagebücher, fünfzehn Hefte, und die Manuskripte *Amerika* und *Das Schloss*. Meist verabredeten sie sich in Gmünd im Waldviertel auf halbem Weg zwischen Prag und Wien. So etwa am 10. Oktober 1920. Am selben Tag hielt Adolf Hitler im Gmünder Kino eine Wahlrede.

Mit Grete Bloch, der besten Freundin seiner Dauerverlobten Felice Bauer, hatte der ewige Junggeselle ein Kind. Sieben Jahre verschwieg sie ihm dessen Existenz. Erst dessen Tod teilte sie ihm mit.

Franz Kafka aß vegetarisch und zählte jeden Bissen. Er lebte nach der Lehre des amerikanischen Arztes Fletcher, der das Durchkauen als Heilmittel gegen Krankheiten empfahl. Sein Vater Hermann hingegen liebte deftige Fleischspeisen. Er deutete die Kauübungen seines Sohns als stillen Protest gegen die väterliche Lebensweise.

Über die Krankheit, an der er sterben sollte, notierte er: Ich bin zu der Meinung gekommen, dass die Tuberkulose, so wie ich sie sehe, keine besondere Krankheit, keine eines besonderen Namens werte Krankheit ist, sondern nur eine ihrer Bedeutung nach vorläufig nicht immer einzuschätzende Verstärkung des allgemeinen Todestriebes.

Franz Kafka starb einsam und unbekannt an Kehlkopftuberkulose. Als er in der Wiener Laryngologischen Klinik lag, bat Franz Werfel deren Chef Professor Hajek, sich des Patienten besonders anzunehmen. Der Mediziner äußerte daraufhin im Kollegenkreis: Da schreibt mir ein gewisser Werfel, ich soll etwas für einen gewissen Kafka tun. Wer Kafka ist, weiß ich. Das ist der Patient auf Numero 12. Aber bitte, wer ist Werfel?

Die meisten Angehörigen Kafkas, auch seine drei Schwestern, sind in Konzentrationslagern umgekommen. Auf dem Grab im jüdischen Friedhof in Prag Straschnitz steht ein sich nach oben verbreiternder Obelisk mit hebräischen Schriftzeichen.

Am Ende seines Lebens hatte Kafka Max Brod beauftragt, alle hinterlassenen Manuskripte und Papiere zu vernichten; sogar Briefe solle er von den Adressaten zurückfordern und ungelesen verbrennen. Nach Kafkas Tod ging Brod in Prag von Freund zu Freund, voller Zweifel, was er machen solle. Einer riet: Max, verbrenne deine Werke und veröffentliche die von Kafka.

Martin Kafka, ein Großneffe des Autors, machte in Spanien Karriere als Rugby-Spieler. Er gab zu, nur wenige Werke seines berühmten Verwandten gelesen zu haben: Seine Gedanken sind sehr schwierig, bekannte er. Ich glaube, nur er selbst wusste, was er damit sagen wollte.

EGON ERWIN KISCH

1885–1948

Egon Erwin Kisch, der rasende Reporter des *Prager Tagblatts*, war als Berichterstatter dabei, als Kaiser Franz Joseph das Prager Pankraz-Gefängnis besichtigte. Ein Gefangener begrüßte den Monarchen mit militärischem Drill: Hacken zusammenschlagen, strammstehen, salutieren. Sehr gut macht Er das, lobte der Kaiser. Wie lange muss Er sitzen? – Lebenslang, Majestät. Franz Joseph wandte sich an den Gefängnisdirektor: Dem Mann ist die Hälfte der Strafe zu erlassen. Auch der Gefängnisdirektor schlug die Hacken zusammen. Nachdem die kaiserliche Kutsche davongerollt war, begann er mit seinen Mitarbeitern zu beratschlagen, wie man einem Lebenslänglichen die Hälfte seiner Strafe erlassen könne. Kisch fand eine wahrlich salomonische Lösung: Einen Tag sitzen, einen Tag frei, einen Tag sitzen, einen Tag frei …

Der erste Weltkrieg war zu Ende. Die k. k. Monarchie lag in den letzten Zügen. Am Tag vor dem Umsturz fand vor dem Ministerium des Äußeren eine Art öffentliche Generalprobe statt. Hoch die Republik! Wir brauchen keinen Kaiser! schrien die Leute. Auf dem Balkon erschien Graf Julius Andrassy und hielt eine Ansprache. Die Scharen murrten. Endlich kamen Wachleute, zerteilten die Menge mit dem Ruf: Auseinandergehen! Auseinandergehen! – Meinen Sie, rief der Reserveoberleutnant Egon Erwin Kisch einem Wachmann zu, dass der Staat gerettet wird, wenn wir hier auseinandergehen? – Nein, sagte der, aber wenn S' da stehen bleiben, aa net!

Ein Trupp der linksradikalen roten Garden unter Führung von Kisch stürmte das Redaktionsgebäude der *Neuen Freien Presse* in der Fichtegasse. Im Stiegenhaus trat der Wirtschaftsredakteur Paul Kisch seinem Bruder entgegen: Egonku, Egonku, was machst du wieder für Sachen! – Das siehst du ja. Die Roten Garden besetzen eure Redaktion. – Und warum gerade die *Presse*? – Weil sie eine Hochburg des Kapitalismus ist. – Mach dich nicht lächerlich. Schau, dass du weiterkommst. – Paul, du verkennst den Ernst der Lage. Im Namen der Revolution fordere ich dich auf, den Eingang freizugeben. Sonst … – Gut, ich weiche der Gewalt. Aber eins sag ich dir, Egon: Ich schreibs noch heut der Mamme nach Prag.

In den goldenen Zwanzigerjahren hat sich Egon Erwin Kisch in Berlin, dem damaligen Nabel der kulturellen Welt, niedergelassen. Mit unglaublicher Assimilationsfähigkeit übernahm er jenes Idiom, durch das sich die den Deutschen und Österreichern gemeinsame Sprache unterscheidet. Er sagte Kissen statt, wie zu Hause, Polster, Schrank statt Kasten, Sahne statt Schlagobers. Eines Tages im *Romanischen Cafe* behaglich in seinen Stuhl – statt Sessel – zurückgelehnt, ließ er verlauten, dass er am kommenden Sonnabend einen Vortrag halten werde. Da wandte sich sein jüdischer Kollege Anton Kuh mit mahnendem Zeigefinger an ihn: Egonek, ich erinnere mich an eine Zeit, in der Sie noch nicht einmal Samstag gesagt haben.

So manche köstliche Kisch-Anekdote hat der rasende Reporter selbst erfunden und in die Welt gesetzt. Etwa die folgende: Eines Tages durfte ich mit anderen Erstklässlern in den Zirkus gehen. Zu Hause fragten mich meine Eltern: Na, Egonku, wie waren die Artisten? – Schlecht, berichtete ich. Ein Mädchen fiel dauernd vom Pferd und musste wieder aufspringen, ein dummer Mann fiel immer auf die Nase, und ein anderer, der ein Messer nach einer Frau warf, hat nicht ein einziges Mal getroffen, obwohl sie ganz still gestanden ist.

Eine Vertreterin der Heilsarmee in fescher Uniform näherte sich, die Sammelbüchse scheppernd, dem Kaffeehaustisch, an dem Kisch bei seinem Mokka saß. Bitte mein Herr, säuselte sie, bitte um eine kleine Gabe für gefallene Mädchen. – Nicht von mir, entgegnete Kisch. Ich gebe direkt.

Kisch wurde zum Chefredakteur gerufen. Sie müssen nach Teplitz fahren, sagte der Gewaltige. Dort findet eine Nachwahl zum Reichsrat statt, bei der es heiß hergehen kann. Lassen Sie sich von der Kasse dreißig Kronen Vorschuss auszahlen und fahren Sie gleich los. – Dreißig Kronen? Nein, das ist … – Widersprechen Sie nicht! Zu meiner Zeit hat es nie mehr als fünf Kronen gegeben. Auf Wiedersehen! Und dass Sie mir pünktlich berichten! Am Abend des Wahltages lief in der Redaktion das folgende Telegramm ein: die heutige nachwahl zeichnete sich durch besondere zwischenfaelle aus und ergab zur allgemeinen ueberraschung – hier endet der vorschuss.

Wegen einer Grubenkatastrophe wurde Kisch nach Brüx entsandt. Seinen Bericht wollte er der Zeitung telegrafisch übermitteln. Das Telegramm kann ich nicht annehmen, brummte der Telegrafenbeamte. Es ist zehn vor Sechs. Ich bin nur verpflichtet, bis Punkt Sechs zu amtieren. Ich kann höchstens ein Telegramm von zwanzig Wörtern annehmen. Ohne mit der Wimper zu zucken, nahm Kisch ein neues Formular und schrieb: an den

Hier endet der Vorschuss. Egon Erwin Kisch,
gezeichnet von Stefan Hlawa

innenminister wien stop telegrafendirektor bruex verweigert aus faulheit weiterleitung hoechstwichtigen wirtschaftspolitischen berichts stop erbitte stellungnahme stop reporter kisch. Der Beamte las die Depesche und reichte sie Kisch zurück mit den Worten: Wissen S' was, geben S' mir lieber das längere Telegramm.

Anlässlich seines fünfzigsten Geburtstags wollte die Redaktion des *Prager Tagblatts* ihrem Kollegen eine entsprechende Ehrung erweisen. Es wurde also ein Huldigungsartikel verfasst, der von Superlativen nur so strotzte und sich zuletzt dazu verstieg, Kisch den »Homer der Reportage« zu nennen. Nach Erscheinen des Artikels stürmte der Jubilar in die Redaktion, knallte sein Exemplar des Tagblatts auf den Tisch, dass die Tintenfässer wackelten, und schnaubte: Das sind also meine Freunde! Vergleichen mich mit einem blinden Goi, von dem man nicht einmal weiß, ob er gelebt hat.

Kisch war überzeugter Kommunist. Das ehemalige Prager Bürgersöhnchen gehörte zu den Revolutionären, die enthusiastisch für die Herrschaft des Proletariats eintraten. Der Kunsthändler Alfred Flechtheim sah auf seinem Schreibtisch *Das Kapital* liegen und frozzelte ihn: Endlich ein Mensch, der mir die Problematik zwischen Kapital und Arbeit erklären kann! – Das ist ganz einfach, sagte Kisch. Wenn Sie mir jetzt tausend Mark leihen, habe ich ein Kapital. Die Mühe, die Sie aufwenden müssen, um das Geld zurückzukriegen, ist Arbeit.

Von seiner Naivität in politischen Dingen, die vielleicht eine besondere Art von Ausgekochtheit gewesen sein könnte, zeugt eine Bemerkung, die er am Vorabend des Einmarschs der Nazi in die Tschechoslowakei Friedrich Torberg gegenüber tat: Mir kann eigentlich nichts passieren. Ich bin Deutscher. Ich bin Tscheche. Ich bin ein Jud. Ich bin aus einem guten Haus. Und ich bin Kommunist. Etwas davon hilft immer!

Als Kisch an einem Antikriegskongress in Australien teilnehmen wollte, verweigerten die Behörden ihm aus Angst vor kommunistischer Unterwanderung die Einreise. In einem unbewachten Augenblick sprang Kisch vom Achterdeck auf den Landungssteg und brach sich ein Bein. Der Fall erregte so großes Aufsehen, dass die Regierung sich genötigt sah, ihm ein Visum auszustellen.

Wie mancher seiner Freunde war Egon Erwin Kisch nach Amerika emigriert. Bei der Einreise wurde er der üblichen Pass- und Zollkontrolle unterzogen. Der Abfertigungsbeamte fragte mit ironischem Unterton: Na, Mister Kisch, wie fühlen Sie sich in Amerika? Kisch beugte sich zu dem Schalter hinunter, kniff ein Auge zu und raunte: Ich fahre ja wieder weg. Aber wie fühlen Sie sich in Amerika?

Nach dreizehn Emigrationsjahren kehrte Kisch in seine Geburtsstadt Prag zurück. Als Wohnsitz wurde ihm, makaber genug, vom Regime eine Villa in der U Laboratore zugewiesen. Sein Vormieter war der Organisator der NS-Judenvernichtung Adolf Eichmann.

ARTHUR KOESTLER

1905–1983

rthur Koestler studierte Naturwissenschaften und Architektur an der Wiener Technischen Hochschule. Er gehörte der schlagenden Burschenschaft *Unitas* an, sein Kneipname lautete Perkeo. 1931 trat er der kommunistischen Partei bei und lebte eine Zeitlang in der Sowjetunion. Auf republikanischer Seite beteiligte er sich am Spanischen Bürgerkrieg. 1939 wurde er in Frankreich interniert, floh über Portugal nach England und wurde Kriegsberichterstatter. Als Mitarbeiter der britischen Zeitung *Observer* trug er den Spitznamen Radek, nach dem sowjetischen Politiker.

Koestlers erster großer Erfolg als Schriftsteller war die *Enzyklopädie des Sexualwissens*. Er schrieb das Buch, das schließlich drei Bände umfassen sollte, unter dem Pseudonym Dr. A. Costler innerhalb von acht Wochen.

Koestler besaß ein Haus in Alpbach, in dem er viele Sommer verbrachte. Das Alpendorf und sein Europäisches Forum ist in seinem Buch *Die Herren Call-Girls* verewigt. In dem gelehrten Zirkel, der in der ländlichen Idylle über die Verbesserung der Welt nachdenkt, verkehrt eine Professorin, die nachts zum strammen Chauffeur, »den sonnengebräunten Oberkörper unbedeckt«, ins Bett schlüpft. Alles weitere beschreibt der Romancier in dezenten Worten so: »Einen Augenblick später überkam ihn die Erinnerung an das unauslöschliche Erlebnis, als er am Schafberghang von einer Lawine überrollt wurde.«

Koestler war zeitlebens schwer depressiv. Während er, um Selbstmord zu begehen, auf einer Matratze neben dem offenen Gashahn lag, fiel ihm ein Buch von der Stellage direkt auf die Nase. Der Schmerz brachte den halb Ohnmächtigen zur Besinnung, er stand auf und schloss den Gashahn. Bei dem lebensrettenden Werk handelte es sich um die Chronik des Berliner Reichstagsbrands.

Er war siebenundsiebzig Jahre alt, als er mit seiner dritten Ehefrau Canthia aus dem Leben schied. Er litt an Leukämie und an der Parkinsonschen Krankheit. Man fand die beiden tot in ihrem Wohnzimmer. Beide saßen in ihren Sesseln wie zur Teezeit. Sie hatten einen giftigen Cocktail von Schlafmitteln und Medikamenten zu sich genommen.

KARL KRAUS

1874–1936

In seinen jungen Jahren umwarb Karl Kraus eine Schauspielerin namens Elfriede Schopf, die sich jedoch zu seinem Leidwesen in sicherem Gewahrsam des Burgtheaterhelden Adolf von Sonnenthal befand. Die Nachricht von Sonnenthals plötzlichem Tod entlockte ihm den bemerkenswerten Ausruf: Jetzt müsste man die Schopf bei der Gelegenheit packen!

Zeitlebens verehrte Kraus die bildschöne böhmische Baronesse Sidonie Nadherny von Borutin. Um sie jederzeit besuchen zu können, schaffte er sogar ein teures Automobil an. Die geplante Hochzeit torpedierte Rainer Maria Rilke, indem er Frau von Borutin auf die jüdische Herkunft des Nebenbuhlers hinwies.

Kraus reiste gern und viel. Von einem Urlaubsaufenthalt auf Bornholm schickte er seiner Freundin Helene Kann eine Fotopostkarte, die ihn in gelöster Pose am Strand zeigt. Darunter hatte er geschrieben: Ich bin etwas faul im Staate Dänemark.

Mit ätzender Schärfe bekämpfte Kraus in 922 Ausgaben seiner Zeitschrift *Die Fackel* die Auswüchse der literarischen Cliquen, des Pressewesens und die Sprachverluderung. Einem Journalisten, der ihn in schlechtem Deutsch angegriffen hatte, drohte er: Wenn Sie mich beleidigen wollen, damit ich den Handschuh aufnehme, so tue ich es gern. Aber ich habe als der Beleidigte die Wahl der Waffen. Hüten Sie sich! Ich wähle die Orthographie, damit sind Sie ein toter Mann!

Das Hauptziel seiner Angriffe war die *Neue Freie Presse*, das Organ des Liberalismus. Kraus wäre gern in die Redaktion eingetreten. Er hatte sich die Freundschaft des Sohnes des Herausgebers Moritz Benedikt erworben. Durch dessen Fürsprache durfte er Buchkritiken schreiben. Eine der ersten war schon gesetzt, als der zuständige Feuilletonredakteur Theodor Herzl sie aus Platzmangel herausstrich. Nachts erschien der ehrgeizige Autor in der Setzerei und schmuggelte sein Werk wieder ins Blatt. Daraufhin wurde er für immer der Redaktion verwiesen. Es gibt zwei schöne Dinge auf der Welt, behauptete er fortan. Der *Neuen Freien Presse* anzugehören oder sie zu verachten. Ich habe nicht einen Augenblick geschwankt, wie ich zu wählen hätte.

Egon Erwin Kisch war regelmäßiger Leser der *Fackel*, er lehnte die Zeitschrift aber entschieden ab. Als Kisch sein Buch *Abenteuer in Prag* herausbringen wollte, verbreitete sich in der Kraus-Gemeinde die Nachricht, dass er darin ihren Meister beleidige. Große strategische Pläne, wie das Erscheinen zu verhindern wäre. Zuerst einmal musste man wissen, welche Angriffe das Buch enthalte. Versuche, aus der Druckerei Bürstenabzüge zu erlangen, gingen ins Leere. Ein Kraus-Jünger wurde beordert, die Bekanntschaft eines Büromädchens des Verlags zu machen und ihr das Manuskript herauszulocken. Volltreffer! Er verlobte sich mit der jungen Dame, heiratete sie sogar und hatte vier Kinder mit ihr. Von denen das erste Kraus zu Ehren auf den Namen Karl getauft wurde, wohingegen das dritte den Vornamen Egon Erwin erhielt.

1911 verließ Kraus die israelitische Kultusgemeinde und trat zum katholischen Glauben über (sein Taufpate in der Karlskirche war Adolf Loos). Nach den Beweggründen befragt, erklärte er: Ich mische mich nicht in meine Privatangelegenheiten. Als dann in der Salzburger Kollegienkirche Hofmannsthals *Großes Welttheater* gespielt wurde – Erzbischof Ignaz Rieder hatte sich persönlich dafür eingesetzt, dass Max Reinhardt das Gotteshaus dafür benutzen durfte – behauptete er, dies sei hauptsächlich aus Antisemitismus geschehen. Und trat unter Protest aus der Kirche aus.

Nach einer Lesung in Prag nächtigte Kraus im *Palace* Hotel, in dem Zelebritäten wie Gerhart Hauptmann und die Brüder Mann abzusteigen pflegten. Bei der Übergabe der Zimmerschlüssel sprudelte der Nachtportier unter heftigem Böhmakeln folgende imposante Neuigkeit heraus: Herr von Kraus, wissen S' wer Suite neben Ihnen bezogen hat? Keenig von Spanien! – Wenn er keinen Lärm macht, hab ich nichts dagegen, lautete die keineswegs erschütterte Antwort.

Karl Kraus war ein so quicklebendiger Geist, dass ihn öde Gesprächspartner auch körperlich an den Rand der Erschöpfung brachten. Eine schwache Theatervorstellung ließ ihn prompt einschlafen. Einmal hatte er einen Balkonsitz an der Brüstung belegt. Beim Hellwerden bot sich folgendes Bild: Kraus lag in tiefem Schlaf mit dem Kopf auf dem Plüsch der Brüstung, während seine Arme schlaff darüber hinunterhingen. Unten im Parkett aber gab es Aufregung, weil sein Operngucker einer Dame in den Schoß gefallen war.

In der Berliner Kroll-Oper wurde seine Offenbach-Bearbeitung *Pericole* aufgeführt, aber, trotz seines Verbots, mit Streichungen. Während das

Ich mische mich nicht in meine Privatangelegenheiten. Karl Kraus.
Zeichnung von Oskar Kokoschka

Publikum nach dem Ende der Vorstellung vor Begeisterung raste, war Kraus der einzige, der energisch pfiff. Feindselige Blicke streiften ihn. Fast wollte man sich an dem Störenfried vergreifen, ohne zu ahnen, dass gerade er das Stück auf die Bühne gebracht hatte. Sollte ich je einen Roman schreiben, sagte Kraus zu Sigismund von Radecki, so würde der in zwei anliegenden Kaffeehauszimmern spielen und einen Zeitraum von zwanzig Jahren umspannen. – Und die Handlung? fragte Radecki. Die Handlung würde darin bestehen, dass sich ein Kaffeehausgast von einem Zimmer ins andere setzt.

Kraus stammte aus dem böhmischen Provinzstädtchen Gitschin, wo nicht nur die Residenz Wallensteins, sondern auch die ehemalige Kartause, das gefürchtetste Zuchthaus der Monarchie stand. Hier stellten die zu lebenslanger Haft verurteilten Sträflinge Papiersäcke her, die von der Familie Kraus gewinnbringend in den Handel gebracht wurden. Als Kind nach Wien verpflanzt, ängstigte er sich sein Lebtag lang vor der Großstadt und ihren Gefahren. Noch als Erwachsener hatte er Angst vor dem Überqueren der Straßen. Er starb schließlich, tragisch genug, nachdem ein Radfahrer ihn in der Dunkelheit niedergestoßen hatte.

Sein Tod erschütterte Freund und Feind. Ein Mensch, der davon gelebt hat, andere umzubringen, kann doch nicht tot sein, sagte Egon Friedell. Und selbst Anton Kuh, der ihn erbittert bekämpft hatte, meinte: Wenn einem so ein Feind wegstirbt, geht ein Freund dahin!

Das Sprachgewissen der Nation war tot. Bei einer Abendgesellschaft trafen Alfred Polgar und Friedell aufeinander. Friedell im Kommen, Polgar im Aufbruch begriffen. Polgar, was is? Du gehst so zeitlich? Polgar stirnrunzelnd: Wie kannst du »zeitlich« sagen? – Ah was, jetzt. Wo der Kraus tot is.

* * *

OTFRIED KRZYZANOWSKI

1886–1919

Jedes Literatencafe hatte seine Stamm-Schnorrer, bei denen es sich manchmal um echte Begabungen handelte. Eine solche war der Lyriker Otfried Krzyzanowski, eine spindeldürre Erscheinung von bizarrer Hässlichkeit. Nach einem Trockenbrot-Frühstück um elf fastete er bis gegen fünf, dann erschien er im Cafe *Central*, ließ einen prüfenden Blick über die Tischchen gleiten und pflanzte sich schließlich mit anklagend gerecktem Arm vor einem der Besucher auf. Sie zahlen mir jetzt einen Pfiff Wein und ein Schinkenbrot, befahl er. Und kaum einer ließ ihn abblitzen.

Krzyzanowski sträubte sich gegen das Ausfüllen des Steuerbogens mit dem Argument, dass er einer Schriftstellerorganisation angehöre und demgemäß verpflichtet sei, keine Zeile ohne Honorar abzuliefern. Auf Zureden des Finanzbeamten füllte er dann doch das Formular aus. Und schrieb in die Rubrik »Einkommen aus selbständiger Arbeit«:

1) Das Dichten ist keine Arbeit, sondern ein zweifelhaftes Vergnügen.
2) Der daraus erzielte Erlös wiegt in der Regel die Kosten für Papier und
   Tinte auf.
Für zwei wie oben auf Wunsch angefertigte Sentenzen liquidiere ich ein Honorar von 1.200 Kronen.

An geregelte Arbeit dachte Krzyzanowski nie, dazu war er zu sehr mit seinem Nichtstun beschäftigt. Einem jüdischen Mäzen, der ihn aufgefordert hatte, sich endlich um eine Stellung umzuschauen, sandte er folgendes Telegramm: die juden arbeiten den ganzen tag, weil sie sonst nichts zu tun haben. Und als Leo Perutz ihm eine kleine Arbeit anbot, die ihm ein regelmäßiges Einkommen gesichert hätte, schrie er empört: Leo Perutz hat mir soeben einen unsittlichen Antrag gemacht!

Franz Werfel hatte den Betteldichter zum Abendessen eingeladen. In seinem Roman *Barbara oder die Frömmigkeit* lässt er ihn unter dem Namen Gottfried Krasny auftreten. Zuerst aß Werfel sich durch die Speisekarte von oben nach unten, anschließend von unten nach oben. Und sodann sprach er lange und ausführlich vom Lieben Gott. Am nächsten Tag sagte Krasny-Krzyzanowski mit seiner sanften, lispelnden und ein wenig gebrochenen Stimme zu ihm: Herr Werfel, seit ich Sie gestern habe nachtmahlen sehen, glaub ich nicht mehr an Ihr Christentum.

Die große Grippewelle nach dem Ersten Weltkrieg holte Krzyzanowski an den Literatenstammtisch im himmelblauen Cafe. Im Hernalser Untermietkabinett des Dichters trafen seine Spezln die aufgelöste Frau des Quartiergebers ratlos neben dem Leichnam sitzend. Liab liegt er da, schluchzte sie, nur a bisserl verzogen hats ihn.

* * *

ANTON KUH

1890–1941

E iner der geistreichsten Köpfe der Zwischenkriegszeit war Anton Kuh. Er war der Prototyp eines Kaffeehausliteraten: ebenso genial im Schnorren wie im Produzieren funkelnder Bonmots. Er brachte nur dann etwas zu Papier, wenn alle anderen Einnahmequellen versiegt waren, und nannte sich darum auch nicht Schriftsteller sondern Sprechsteller. Seine Schreibfaulheit erklärte er mit den Worten: Die wenigsten wissen, dass auch das Nichtschreiben die Frucht langer und mühseliger Arbeit ist.

Kuh war ein begnadeter Schnorrer. Im Jockeyclub ging er den Finanzjongleur Camillo Castiglioni um zweihundert Schilling an. Castiglioni öffnete die Brieftasche und überreichte Kuh wortlos einen Hunderter. Kuh dankte höflich: Wie ist das nun, Herr Präsident: Bin ich Ihnen jetzt hundert Schilling schuldig oder Sie mir?

Einmal stand er mit einem Bankier vor dem Cafe *Herrenhof*, als ein Bettler hinzukam und den Hut aufhielt. Empört zischte Kuh: Pardon, hier schnorre ich!

Kuh sah aus wie ein als Aristokrat verkleideter Taxifahrer. Er trug einen noblen, leicht verbeulten Anzug, altväterliche Gamaschen und ein ins Auge geklemmtes Monokel. Ob er gerade bei Kasse war oder nicht – wenn er sich in Berlin aufhielt, stieg er stets im hochfeudalen Hotel *Adlon* ab, in dem Könige, Diplomaten, Politiker und Industrielle aus und ein gingen. Mal janz ehrlich, Kuh, fragte ein alter Bekannter, könnse sich denn eijentlich det Adlong leisten? – Das Adlon? lachte Kuh. Das Adlon ist kein Problem. Dort hab ich so viel Schulden, dass es mir beinahe schon gehört!

Um einem Zusammentreffen mit dem Besitzer zu entgehen, betrat Kuh das Hotel grundsätzlich durch den Hintereingang. Trotzdem kam es einmal zu der unvermeidlichen Begegnung. Forsch trat Kuh auf Louis Adlon zu: Gut, dass ich Sie treffe. Schon seit Tagen wollte ich Sie fragen, ob Sie mir nicht schnell achthundert Mark leihen. – Achthundert Mark? sagte Adlon überrascht. Und wieso ausgerechnet Ihnen? – Ach Gott, wissen Sie, damit diese ewige Pumperei endlich ein Ende hat.

Unter den großzügigen Mäzenen Berlins war der millionenschwere Kunstsammler James Simon der allergroßzügigste. Als Kuh ihm erzählte, wie viele Künstler am Hungertuch nagten, beauftragte er ihn, eine Liste der Unterstützungswürdigen zusammenzustellen. Bald darauf erhielt Simon einen Bogen im DIN A4-Format, auf dem in vier Spalten hundertsechzigmal fein säuberlich getippt ein einziger Name stand: Anton Kuh.

Zu Kuhs Gegnern zählte der Wiener Theaterkritiker Hans Liebstöckl. Er war Jude. Liebstöckl warf dem streng katholischen Kollegen vor, er könne nicht richtig deutsch, er schreibe wie ein vor kurzem eingewanderter galizischer Jude, kurz: er jidle. Kuh antwortete mit einem einzigen, berühmt gewordenen Satz: Lieber Herr Liebstöckl, merken Sie sich: Ich darf jideln, Sie aber müssen.

Friedrich Strindberg arbeitete als Journalist bei der *Wiener Allgemeinen Zeitung*. Er entstammte der Ehe August Strindbergs mit Frida Uhl. Da er vor der Scheidung seiner Eltern zur Welt kam, war er berechtigt, den Namen seines berühmten Vaters zu führen. Sein wirklicher Vater, so erzählte man sich unter der Hand, sei aber der Dramatiker Frank Wedekind. Tatsächlich hatten seine Gesichtszüge starke Ähnlichkeit mit denen Wedekinds. Die Frage, welchen der beiden Schriftsteller er für den wahren Vater halte, beantwortete Kuh kurz und schlüssig: Friedrich Strindberg? Er ist ganz die Mama!

Schnorrer kann man überall brauchen. Anton Kuh,
zeitgenössische Illustration

Viele von Kuhs Pointen und Aperçus machten unter fremdem Namen in Kaffeehäusern und literarischen Zirkeln die Runde. Er selbst nahm es allerdings mit den Urheberrechten auch nicht sonderlich genau. Dem Magazin *Querschnitt* sandte er unter eigenem Namen eine Glosse, die von Egon Friedell stammte. Als dem die Geschichte zu Gesicht kam, schrieb er an den Plagiator: Es ehrt mich, dass Ihre Wahl gerade auf mein bescheidenes, anspruchsloses Histörchen gefallen ist. Ich hätte mich gerne revanchiert, doch nach Durchsicht Ihres gesamten Oeuvres fand ich nichts, worunter ich meinen Namen setzen möchte. Kuh erwiderte ungerührt: Dass Dichter stehlen, tut nichts. Schlimm ist, dass Taschendiebe dichten!

Im Cafe *Herrenhof* wurde eine Nacht lang über Politik diskutiert. Über Hitler und Mussolini, Seipel und Bauer, die Heimwehr und den Schutzbund, den New Yorker Börsenkrach und die Vertreibung Trotzkis aus Russland. Kuh saß schweigend dabei. Schließlich fasste er zusammen: Wie sich der kleine Moritzl die Weltgeschichte vorstellt – genauso ist sie!

In einem Treffen mit Adolf Hitler im Berghof auf dem Obersalzberg bemühte Kanzler Schuschnigg sich vergeblich um eine Garantie für den Weiterbestand Österreichs. Kuh, der davon in der Zeitung las, entwickelte in vertrauter Kaffeehausrunde einen aberwitzigen Plan, wie das Land dem Zugriff der Nazis entrinnen könnte. Auf irgendwelchen verschlungenen Wegen und Umwegen bekam Unterrichtsminister Hans Pernter Wind davon und bat den Literaten, ihn mit diesem Plan vertraut zu machen. Kuh tat es, ging nach Haus, packte seine Koffer und verließ noch am selben Tag das Land Richtung Amerika. Zu einer Regierung, so seine Begründung, die sich von ihm Ratschläge geben lasse, habe er kein Vertrauen mehr.

Ein letztes Mal erschien Kuh im Cafe *Herrenhof*. Bleich ließ er sich auf einen der Thonets fallen, verlangte nach einem Glas Wasser, nahm das unvermeidliche Monokel aus dem Auge und verkündete mit Grabesstimme, dass er auszuwandern gedenke. Die Freunde ließen die Zeitungen sinken. Wohin willst du gehen? fragten sie. Schnorrer kann man überall brauchen, antwortete Kuh.

Er starb in New York nach einem Stegreifvortrag mit dem Titel »Wie überleben wir Hitler?« Sein letzter Wunsch lautete: Ich möcht neben dem Kaiser Franz Joseph begraben werden.

* * *

NIKOLAUS LENAU

1802–1850

Lenau war ein richtiger Weiberer. Die Namen einiger seiner »unsterblichen Geliebten« sind überliefert: Berta Hauer, Nanette Wolf, Maria Gräfin von Württemberg, Charlotte Unger, Marie Behrend und Sophie von Löwenthal, die Frau seines Freundes. Mit dem Dichterkollegen Johann Gabriel Seidl spazierte Lenau im Prater. Die Sonne lachte, die Vöglein zwitscherten. Vor ihnen wandelte eng umschlungen ein Liebespaar. Als die junge Dame sich auf einer Bank niederließ, staubte der Kavalier seinen Platz sorgfältig mit dem Taschentuch ab, schob behutsam die Rockschöße zurecht und setzte sich vorsichtig an ihre Seite. Was für ein abscheulicher Trottel, schimpfte Lenau. Ist verliebt in ein hübsches Mädchen und hat noch Sinn für seinen Rock. Das muss ja ein schöner Knicker sein!

Wenn es um seine Poesie ging, zeigte sich der sonst so sanfte und liebenswürdige Ungar von einer unerwarteten Tatkraft. Als die gestrenge Zensur an einem Prolog, den er für die Opfer einer Überschwemmungskatastrophe geschrieben hatte, völlig überflüssige Änderungen vornehmen wollte, geriet er in einen wahren Berserkerzorn. Er sprühte nur so von Beschimpfungen gegen die hohe Behörde, so dass der eingeschüchterte Beamte beschwörend die Hände hob. Und was in diesen Amtsräumen bisher noch keinem Schriftsteller gelungen war, Lenau hat es erreicht: die beanstandeten Stellen blieben unzensiert. Lenau eilte ins Kaffeehaus. Grußlos setzte er sich zu den wartenden Freunden. Und als einer endlich fragte: Na, Niembsch, wie wars? legte er los. Nix, nix wird gstrichen. Merkt euch eins: Von dem Gesindel darf man sich nicht auf die Leier scheissen lassen! Sein Epos *Die Albigenser* stand bis 1966 auf dem Index der von der Kirche verbotenen Bücher.

Auf der Reise nach Amerika, wo er »seine Träume in eine neue Schule schicken« wollte, musste Lenau an der Rheingrenze umkehren, weil sein Pass nicht in Ordnung war. Es blieb ihm nichts übrig, er musste im Gasthaus auf die nächste Gelegenheit zur Heimreise warten. Um die Zeit totzuschlagen, griff er zu seiner Guarneri, die ihn überallhin begleitete. Während Lenau im Zimmer musizierte, ging draußen der Bürgermeister vorbei. Seine Nichte feierte gerade Hochzeit; kurzentschlossen engagierte er den vazierenden Musikanten, abends zum Tanz aufzuspielen. Am nächsten Tag verbürgte er sich für ihn bei den holländischen Zöllnern und ermöglichte ihm die Passage über die Grenze. Was uns zunächst als müßige Laune des Schicksals erscheinen will, schrieb Lenau dem Bürgermeister, erweist sich oft als das listige Werk Gottes.

Aus den Vereinigen Staaten brachte Lenau nichts mit außer Rheuma, ein paar Verse, Skorbut und bittere Enttäuschung. Inzwischen waren bei Cotta in Stuttgart seine Gedichte erschienen und hatten ihn mit einem Schlag berühmt gemacht. Über den Empfang, den seine Freunde ihm bereiteten, meinte er: Ich hab ins Ausland müssen, um Wert und Bedeutung daheim zu bekommen. Es geht den Dichtern in Österreich wie in Bremen mit den Zigarren: Die in Bremen gefertigten werden ins Ausland geschickt, dort bekommen sie die ausländische Signatur und wandern dann wieder heim. Alles wundert sich über den charmanten Geschmack, während sie früher keinem Teufel schmecken wollten.

Lenau war leidenschaftlicher Pfeifenraucher. Ich vermöchte keine Zeile zu schreiben, ohne meine Pfeife im Mund, bekannte er. Nur beim Rauchen kommen mir die Gedanken. In dem Gedicht *Mein Pfeifenkopf* ist zu lesen, dass ihm der Qualm seines Tschibuk lieber sei als der Duft einer aufgeblühten Rose.

Lenau aß gern Spargel. Von einer Einladung im Haus des Stuttgarter Hofrats Georg von Reinbeck berichtete er: Heute bin ich wieder zu einem großen Spargelfressen eingeladen. Spargel wie Kirchtürme werden da gefressen, ich allein verschlang das letzte Mal fünfzig bis sechzig solcher Kirchtürme und komme mir dabei vor wie eine Parodie unserer politischen, prosaischen, durchaus unheiligen Zeit, die auch schon das Maul so weit aufsperrt, um alles Heilige und namentlich die guten Kirchtürme wie Spargelstangen zu verschlingen.

Charakteristisch für Lenaus pantheistische Liebe zu jedweder Kreatur ist der folgende Ausspruch. Ein Bekannter besaß einen hässlichen, stinkenden und halbblinden Köter, den er nur wegen seiner Treue im Haus behielt. Lenau streichelte das Tier und meinte: Gottes Allmacht wedelt aus jedem Hundeschweif.

Der Vierzigjährige reiste mit dem jungen Komponisten Karl Evers, einem Bekannten aus der Künstlerrunde im *Silbernen Kaffeehaus*, nach Stuttgart.

Im Zug kam man mit einer Reisegefährtin ins Gespräch. Die erkundigte sich absichtslos, ob Evers Lenaus Sohn sei. Der Angesprochene verneinte mürrisch. Nachdem die Dame das Abteil verlassen hatte, wandte sich Lenau an seinen Begleiter: Lieber Freund, sagen Sie mir die Wahrheit: Meinen Sie auch, dass ich schon so alt aussehe?

Am 27. Juni 1844 machte Lenau die Bekanntschaft von Marie Behrend. Am 16. Juli hielt er um ihre Hand an, am 5. August fand die Verlobung statt. Die Hochzeitsvorbereitungen wurden am 29. September durch einen Schlaganfall unterbrochen. Am 12. Oktober brach Wahnsinn aus. Am 22. Oktober wurde Lenau in eine Zwangsjacke gesteckt und in die Irrenanstalt Winnenthal gebracht. Seine letzten Jahre verdämmerte er in einer Anstalt in Oberdöbling, dem heutigen Bezirksgericht. Im Empfangsraum des Primarius fiel ihm eine Büste auf. Wer ist denn das? fragte er den Primarius. Das ist Plato, lautete die Antwort. Plato, durchzuckte es Lenau, der die blöde Liebe erfunden hat.

Lange Zeit glaubten Wissenschaftler, die Intelligenz eines Menschen hänge von der Größe seines Gehirns ab. Die Obduktion von Lenaus Leiche ergab, dass sein Gehirn zwei Pfund, acht Unzen und drei Drachmen wog, umgerechnet rund 1175 Gramm. Beim modernen Menschen verteilen sich die grauen Zellen auf rund 1400 Milliliter (Albert Einsteins Gehirn wog 1230 Gramm). Der Bericht erklärte den Gehirnschwund mit »einseitiger Überreizung«.

Dem Grab das Dichters im Weidlinger Friedhof hat Ferdinand von Saar ein berührendes Gedicht gewidmet. Eine Pyramide aus Granit trägt ein Medaillon mit Lenaus Porträt, umgeben von einer Schlange, dem Sinnbild der Ewigkeit.

* * *

ALEXANDER LERNET-HOLENIA

1897–1976

M it der frechen, zynischen Verwechslungskomödie *Ollapotrida* war Alexander Lernet-Holenia über Nacht bekannt geworden. Er bekam den Kleist-Preis, sein Name war in aller Munde. Von einer Bridgepartnerin erfuhr nun auch seine Mutter, deren gesellschaftlicher Verkehr sich auf die Schickeria von Graz und Umgebung beschränkte und die kaum Zeitungen, geschweige denn Bücher las, dass ihr Sohn dichte. Sie ließ sich eins seiner Werke geben und begann zu lesen. Nun, wie hat es dir gefallen? fragte Alexander ungeduldig nach vierzehn Tagen. Mein Gott, wenn du mich schon fragst, Xandi, ich hab mir gedacht, ich müsste dir doch sagen, warum schreibst du nicht lieber so wie der Goethe?

Unter dem Pseudonym Clemens Neydisser hatte Lernet-Holenia gemeinsam mit Stefan Zweig eine Komödie *Quiproquo* geschrieben. Der Theaterkritiker Hans Liebstöckl verriss nicht nur das Stück, sondern lüftete auch das Inkognito der Autoren, indem er schrieb: Lernet, Autoren, auf einen grünen Zweig zu kommen!

Das Rätsel seiner Abkunft hat ihn bis zu seinem Tod bewegt. Er war davon überzeugt, vom französischen Königshaus abzustammen. Stolz präsentierte er bei passenden Gelegenheiten den charakteristischen Bourbonen-Fleck auf der Popobacke.

Von der Republik waren ihm jene Räume in der Wiener Hofburg zugewiesen worden, die einst der unglückliche Kronprinz Rudolf bewohnt hatte. Dort gab er an Sonntag-Vormittagen eine Art Lever, zu dem er im Frotteeschlafrock erschien. Einmal saßen Doderer, Csokor und der Verleger Hans W. Polak mit ihm beisammen und Doderer fragte: Kennst du das wunderschöne Gedicht von Verlaine – Ja, sagte Lernet wie aus der Pistole geschossen. Welches?

Im Sommer 1944, der Krieg war für Deutschland so gut wie verloren, saß Lernet-Holenia mit seinem Jugendfreund Eduard Hebra, dessen Bruder die Nazis hingerichtet hatten, in einem Gasthausgarten in Sankt Wolfgang. Mit weittragender Stimme verkündete er: Ein Glück, dass wir unseren Führer haben. Sonst würde der Krieg noch fünf Jahre dauern!

Lernet-Holenia hatte in beiden Weltkriegen als Offizier gedient. Bei einem Empfang behauptete er im Gespräch, dass von allen Persönlichkeiten, die hohe staatliche Posten bekleiden, nur etwa zehn Prozent ihrer Aufgabe gewachsen seien. Sie sind allen Ernstes der Meinung, dass nur zehn Prozent unserer Generale für ihre Kommandos befähigt sind? brauste ein ordengeschmückter Militär auf. Nein, nein, beschwichtigte Lernet-Holenia, bei Offizieren ist der Prozentsatz selbstverständlich niedriger.

Wenn er wollte, konnte Lernet-Holenia überaus charmant und geistreich sein, er hatte aber auch eine Neigung zu spontanen Zornesausbrüchen. In Sankt Wolfgang, wo er ein Ferienhaus besaß, geschah es, dass er einen Autofahrer ohrfeigte, der vor seiner Garageneinfahrt parkte. Im darauffolgenden Prozess wurde er zu tausend Schilling Geldstrafe (etwa 75 Euro) verurteilt. Freunden gegenüber bekannte er in trotziger Scham: Also, den Betrag, den war es wirklich wert. In Journalistenkreisen zirkulierte die Behauptung: Vom Lernet liest man mehr in den Gerichtssaalspalten als auf der Literaturseite.

Ein Julimittag, gut 32 Grad hat es, der Asphalt kocht. Es ist Mittag. Lernet-Holenia verlässt das Gasthaus *Blauensteiner*, tritt in die flirrende Hitze. Zehn Einkaufssackerl in der Hand, Meinl am Graben und so. Er schleppt schwer. Da kommt ein armer Teufel im Rollwagerl vorbei, ein Gelähmter. Lernet sieht ihn und seufzt: Beneidenswert!

An den Rangeleien des Literaturbetriebs nahm der Grandseigneur unter den Schriftstellern seiner Generation nicht teil. Wenn er irgendwo eine Ansprache zu halten hatte, notierte er den Text auf kleine Blätter, die er anschließend unverzüglich in kleine Stücke zerriss, um den Anwesenden Snobs die Unwichtigkeit solcher Auftritte vor Augen zu führen. Aus Protest gegen die Vergabe des Nobelpreises an Heinrich Böll, den er für einen Bolschewiken hielt, legte er sein Amt als PEN-Präsident zurück.

Lernet-Holenia besaß kein einziges seiner Bücher. Vom Büchersammeln hielt er nichts. Belegexemplare verschenkte er. Bücher, die andere Autoren ihm widmeten, trug er zum Antiquar. Ja, er ging so weit, die Kollegen zu bitten, seinen Namen auszusparen und es mit unverbindlichen Worten, Datum und Unterschrift bewenden zu lassen, weil Bücher mit persönlicher Widmung nicht so leicht abzusetzen seien.

* * *

ERNST LOTHAR

1890–1974

Am Beginn seiner literarischen Laufbahn schrieb Ernst Lothar, der mit bürgerlichem Namen Müller hieß und aus Brünn gebürtig war, für die *Neue Freie Presse* Theaterkritiken und Feuilletons, in denen er allerlei Schnurriges oder Herzerwärmendes von seinen beiden Töchterchen erzählte. In der selben Redaktion saß der Musikkritiker Julius Korngold, gleichfalls Brünner, der seinen als Wunderkind geltenden Sohn Erich Wolfgang rücksichtslos förderte. Die beiden Kollegen konnten einander nicht ausstehen. Und um ihm zu zeigen, wie regelmäßig er das Sonntagsfeuilleton über die beiden Mäderln nicht las, empfing Korngold Lothar allmontäglich mit den Worten: Grieß Sie Gott, Doktor Miller. Was machen die Buberln?

Das jüngere der beiden Mäderln, Hansi, war später in Amerika die Privatsekretärin Max Reinhardts und heiratete einen gewissen Ernest H. Haeusserman, der es bis zum Direktor des Wiener Burgtheaters bringen sollte. Sie beging im Dezember 1945 Selbstmord.

Lothar war nicht frei von Eitelkeit. Er liebte es, seiner Sprache einen betont französischen Akzent zu geben. Mit Vorliebe gebrauchte er Wörter wie Bureau, Chaiselongue, Trottoir, und seine Langenloiser Tischweine bezog er aus Longschlois. Das veranlasste die Komikerin Gisela Werbezirk zu der sarkastischen Feststellung: Er stammt aus Brünn an der Seine.

Viermal versuchte Lothar im New Yorker Exil österreichische Stücke aufzuführen. Doch keine der Produktionen kam über zwei schwach besuchte Vorstellungen hinaus. Der Dirigent Bruno Walter, ein treuer Freund der Theatertruppe, zog die schmerzliche Bilanz: Die Weltsprache ist Musik, deutsch leider nicht.

New York. Lothar sitzt mit Franz Werfel in einem Restaurant am Central Park.Es ist Samstag, die Abendblätter mit den wöchentlichen Bestsellerlisten werden ausgerufen. Werfel kauft eine Zeitung, öffnet sie, liest und beginnt zu strahlen. Wortlos schiebt er dem Freund das Blatt hin, den Finger auf einer Zeile. Da steht, an vierter Stelle, Lothars Südtirolroman *Beneath another Sun*. Und an siebenter Stelle Franz Werfels *The Song of Bernadette*. Werfel gerät vor Freude fast außer sich: Da sind wir also aus

Österreich hinausgeworfen worden. Sie haben unsere Bücher verbrannt. Das ist kein Bucherfolg, mein Lieber! Das ist die Wiederherstellung der Gerechtigkeit!

Nach der Heimkehr aus der Emigration begaben sich Ernst Lothar und seine Frau Adrienne Gessner an einem ihrer ersten freien Abende in ihr geliebtes Theater in der Josefstadt. Bis zum Einmarsch der Nazis hatte Lothar dort als Direktor amtiert. Dem Programmheft entnahm er ihm völlig unbekannte Schauspielernamen: Nikowitz, Sowinetz, Muliar, Krismanek, Böhm ... Das ist kein Ensemble, zischelte er seiner Frau ins Ohr, das ist eine Fußballmannschaft.

Müde kommt Lothar nach einer Vorstellung des Burgtheaters nach Haus in die Kantgasse. Seine Frau empfängt ihn neugierig: Und? Wie wars? – Naja. – Wie war die Wessely? – Naja. – Und der Attila? – Naja. – Die Gessner verblüfft: Was ist denn in dich gefahren? Du bist heut so gütig.

* * *

GUSTAV MEYRINK

1868–1932

ustav Meyrink, der Verfasser unheimlich-phantastischer Geschichten, die meist im Prager Milieu spielen, war ein unehelicher Sohn
des Württembergischen Ministers Karl Freiherr Varnbühler von und
zu Hemmingen mit einer bayrischen Hofschauspielerin. Früh begann er
zu schreiben. Und zwar auf einem Querbrett unter dem Schreibpult im
Textilgeschäft seines Ziehvaters. In seine endlosen Bubengeschichten vertieft, hatte der kleine Gustav übersehen, dass der Laden abgeschlossen
und er allein geblieben war. Der große Raum, die Stille, die Dämmerung,
alles wurde ihm unheimlich und die Gestalten seiner Geschichten begann-
nen zu leben. Schreiend warf er den Bleistift weg, stürzte zum Hintereingang, trommelte mit den Fäusten gegen die Tür und rief: Mama, ich hab
mir eine Geschichte erzählt und jetzt gruselts mir selber!

Mit dem Neffen des Dichters Christian Morgenstern leitete Meyrink
ein Bankhaus am Graben in Prag, das er nach einer Duellaffäre schließen
musste. Auf Grund falscher Beschuldigungen saß er einige Wochen im
Gefängnis. In Thomas Manns Novelle *Tonio Kröger* figuriert er als jener
»Bankier, welcher Novellen dichtet, kriminell, nicht unbescholten und
unsolide sei«.

Zur Zeit, da er noch als Bankier in Prag wirkte, musste Meyrink geschäfte-
halber regelmäßig nach Dresden reisen. Die häufigen Fahrten des arrogant
wirkenden Herrn mit dem vornehmen Handgepäck erregten das Miss-
trauen der Grenzbehörden. Man begann ihn am Zollamt von Bodenbach
immer aufsässiger zu kontrollieren. Als ihm das lange genug auf die Nerven
gegangen war, ließ er in seinen Koffer einen Stahleinsatz einbauen und
unter hydraulischem Druck eine große Anzahl feuchter Handtücher hinein-
pressen. Das hoch elegante Lederköfferchen stach dem Zöllner in die
Augen. Was hams da drin? – Wäsche. – Was für Wäsche ? – Nur ein paar
Handtücher für den eigenen Gebrauch. – Handtiecher? Einen Koffer voll?
Effnen S'! Meyrink erklärt, er sei in wichtigen Bankgeschäften unterwegs,
müsse noch vor Drei in Prag sein, wolle nicht an einer Zugverspätung
schuld sein. Vergebens. Hier, die Schlüssel! Kaum hat der Zöllner das erste
Schloss geöffnet, als das andere sich selbsttätig losreißt, so dass der Deckel

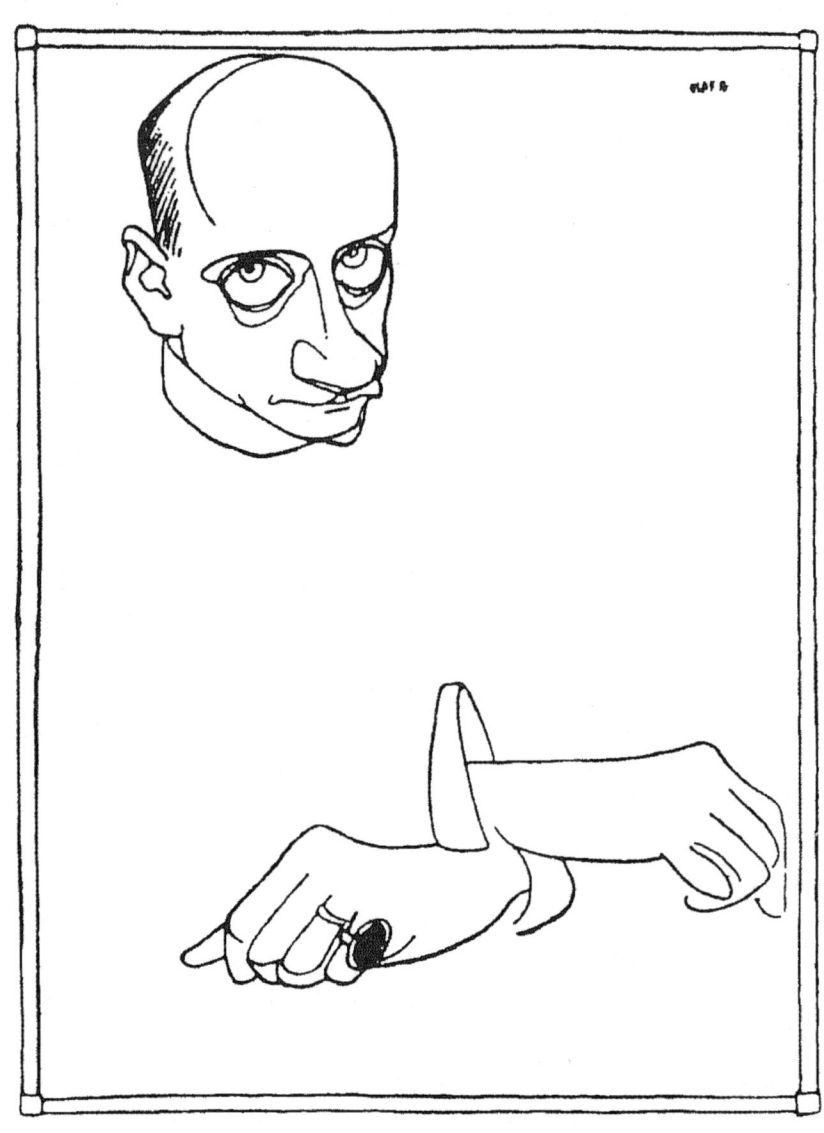

Dass ein Tisch sich bewegt ist kein Wunder. Gustav Meyrink.
Karikatur von Olav Gulbransson

aufspringt und ein nicht endenwollender Strom von Handtüchern hervorquillt. Das Zollamt von Bodenbach ließ ihn seither ungeschoren.

Für die Literatur entdeckt wurde der ehemalige Bankier als Vierunddreißigjähriger. In der Redaktion des Münchner *Simplizissimus* landete ein Manuskript mit dem Titel *Der heiße Soldat*. Das Zeug hat ein Wahnsinniger geschrieben, stöhnte der Redakteur und entschied kurzerhand: Papierkorb. Da traf der Herr des Hauses ein, Ludwig Thoma. Pfeifendampfumwölkt, wortkarg, saß er brütend an seinem Schreibtisch und stocherte gelangweilt mit dem Bergstock im Papierkorb. Er spießte die Blätter auf, nahm sie, las, brummte: Ja, was wär denn jetzt dös? Der Redakteur, achselzuckend: Das Geschreibsel eines Wahnsinnigen. Thoma breit: Wahnsinnig? Vielleicht. Aber ein Genie. Schreiben Sie dem Mann, ob er nicht mehr solchene Sachen hat. Meyrink hatte.

Der *Golem*, ein Klassiker der phantastischen Literatur, ist in luftigen Höhen entstanden. Meyrinks Verleger Kurt Wolff berichtete: Ich hörte, dass er an einem Roman schrieb, und fuhr zu ihm hin. Er arbeitete hoch oben in einem Baum, in den er ein Holzhäuschen eingebaut hatte und zu dem man auf einer mächtigen Leiter hinaufklettern musste.

Seit seinem dreiundzwanzigsten Lebensjahr beschäftigte sich Meyrink mit der Sphäre des Magischen, Mystischen, Okkulten. Im Keller eines Prager Kaffeehauses versuchte er es mit Tischerlrücken. Einmal war Franz Kafka anwesend, er blieb aber völlig unbeeindruckt. Dass die Sonne morgen früh aufgeht, kommentierte er, ist ein Wunder. Aber dass ein Tisch sich bewegt, wenn Sie ihn so malträtieren, ist kein Wunder.

Eines Nachts klopfte ihn der Wunderapostel Häuser aus seiner Villa am Starnberger See und rief: Ich bin! Ich bin! Auf Meyrinks Frage, wer er denn sei, kam die Antwort: Ich bin Jesus Christus! Sofort öffnete Meyrink das Haustor. Er geleitete den unverhofften Gast ans Seeufer und sagte, auf die Wasserfläche deutend: Bitte, wandeln Sie!

Auf Meyrinks Grabstein im alten Starnberger Friedhof steht das Wort: vivo (ich lebe). Freunde versicherten, Meyrink sei ihnen nach seinem Tod quicklebendig begegnet.

* * *

FELIX MITTERER

geboren 1948

Felix Mitterer ist eines von dreizehn Kindern einer Landarbeiterin in Achenkirch bei Kirchberg in Tirol. Sein Vater war vermutlich ein Rumäne mit Vornamen Samson, Genaues ist nicht bekannt. Neben ihm wurde eine Zwillingsschwester geboren. Sie starb, er wurde zur Adoption freigegeben.

Die Uraufführung von Mitterers Bergsteigerstück *Munde* fand auf dem Gipfel der Hohen Munde bei Telfs statt. Schauspieler und Publikum kletterten keuchend und schwitzend dreieinhalb Stunden auf das Plateau in 2.659 Meter Höhe. Ein aufziehendes Gewitter zwang sie zum Unterschlupf in Not-Biwaks. Bergretter fanden am nächsten Tag beim Theaterplatz sechzehn vom Blitz erschlagene Schafe.

FRANZ MOLNAR

1878–1952

Hermann Bahr, das Oberhaupt der Wiener Theaterkritik, und Franz Molnar trafen vor der Premiere eines neuen Molnar-Stücks folgende Verabredung: Bei einem Erfolg, den zu feiern sich lohne, wolle man sich im Restaurant *Sacher* treffen. Werde das Stück hingegen ein Durchfall, so wolle man im Cafe *Herrenhof* zusammenkommen. Es geschah, was geschehen musste: Beide Herren verbrachten den Abend einsam, wütend, wartend. Der Kritiker hatte sich ins *Herrenhof* begeben, der Autor ins *Sacher*.

Nach der Premiere der Molnar-Komödie *Spiel im Schloss* prophezeite Egon Erwin Kisch: Ich geb dem Stück höchstens zehn Abende! Das Stück lief zweieinhalb Jahre und erreichte achthundertfünfzig Aufführungen. Nach der letzten Vorstellung begrüßte Molnar seinen Kritiker mit den Worten: Lieber Kisch, Sie haben sich nur um achthundertvierzig Abende geirrt!

Molnar bemühte sich um die Gunst einer vielumworbenen Schauspielerin. Sie hielt ihn hin, wich ihm aus, wusste es so einzurichten, dass er sie vergeblich um ein Gespräch unter vier Augen zu ziehen versuchte. Endlich schien ihm das Glück zu winken. Auf einer Abendgesellschaft überraschte er sie im Bibliothekszimmer in ein Buch vertieft. Das Buch war ein Theaterlexikon und noch dazu beim Buchstaben M aufgeschlagen. M wie Molnar. Wollten Sie etwas über mich erfahren? erkundigte er sich. Hab ich schon, antwortete die Diva. War mir neu. – Was denn? – Dass Sie Jude sind. Molnar beugte sich ein wenig vor und dämpfte seinen Tonfall zu diskreter Vertraulichkeit: Ich hab ja gewusst, dass Sie draufkommen werden. Aber die Gelegenheit hab ich mir anders vorgestellt.

Geradezu klassisch ist Molnars Antwort auf die Reporterfrage, wie er Schriftsteller geworden sei: Vielleicht so, wie eine Frau zur Prostituierten wird. Zuerst habe ich es getan, weil es mir Spaß gemacht hat; dann, weil es anderen Spaß gemacht hat. Und jetzt mach ich es für Geld.

Acht Jahre lebte Molnar in Wien. Einmal kam ein Reiseagent zu ihm. Er wollte ihm ein Ticket nach Amerika andrehen. Molnar lehnte kategorisch ab. Der Agent ließ nicht locker. Ist Ihnen vielleicht die Fahrkarte zu teuer? Ich könnte einen Rabatt herausschlagen. – Nein, sagte Molnar. Ich will einfach nicht fahren. – Fürchten Sie sich vor der Seekrankheit? – Nein, wiederholte Molnar ungeduldig. Na, was ist dann der Grund? wollte der Seeräuber wissen. Ich fürcht mich vor dem Weg zum Westbahnhof.

Als Vollblutbohemien teilte Molnar sich seine Arbeitszeit großzügig ein. Er stand am späten Nachmittag auf, begab sich abends in sein Stammcafe, nahm dort das Frühstück ein und schrieb bis in die Morgenstunden. Einmal war er als Zeuge ins Wiener Landesgericht geladen. Als er um halb Acht vor die Hoteltür trat, war die Straße von Menschen bevölkert, die zielstrebig ihrer Arbeitsstätte zustrebten. Fassungslos wandte er sich an den Fahrer des wartenden Taxis: Lauter Zeugen?

Franz Molnar war »seit ewig« mit Ernst Lothar befreundet. Nachdem Lothar Direktor des Theaters in der Josefstadt geworden war, blickte er ihn durch das Monokel traurig an und sagte: Also ich gratuliere dir, Ärmster. Und als Lothar vom State Department das Visum zur Rückreise nach Wien erhielt, sagte er: Also ich kondoliere dir, du Glücklicher. Und dann, in seinem magyarischen Deutsch, das immer einen traurigen Unterton hatte: Ich bittä dich, vergesse nicht, grüß mir, wenn du ihn siehst – niemand.

Spitzname Scheckspeare. Franz Molnar,
gezeichnet von Benedikt Fred Dolbin

Molnars Geiz war sprichwörtlich. Im amerikanischen Exil lernte er als Erstes zwei Wörter, die er stets verwendete, wenn er mit Bekannten ausging und es zum Zahlen kam: Separate bills! Getrennte Rechnungen! Er trug nie Bargeld bei sich, nur Schecks. Weswegen Eingeweihte ihm den Spitznamen Scheckspeare verpassten.

In Washington wurde Molnar dem Präsidenten Coolidge vorgestellt. Der fragte ihn nach der politischen und wirtschaftlichen Lage in seinem Heimatland. Molnar wandte sich zu dem anwesenden ungarischen Gesandten und sagte in seiner Muttersprache: Ich werde jetzt eine Minute oder zwei mit Ihnen reden, als würde ich meine Meinung erörtern. Danach werden Sie die Güte haben, auf englisch zu antworten, was Sie wollen. Er erzählte dem Gesandten ein bisschen Budapester Tratsch. Der hörte zu, ohne mit der Wimper zu zucken. Dann legte er eine professionelle Analyse hin.

Auf die Frage, warum das Budapester Nationaltheater seine Stücke nicht aufführe, antwortete Molnar: Weil das Nationaltheater keine Stücke von Juden aufführt. – Aber der Direktor ist doch selber Jude, hielt man ihm entgegen. Na und? Das ist so wie mit den feinen Restaurants in New York. Die halten sich auch als Portiere Neger, die keine Neger hineinlassen.

Mit einem tschechischen Pass war Friedrich Torberg auf verschlungenen Pfaden nach Amerika gelangt. Plaudernd spazierte er mit Molnar in der Nähe des New Yorker Central Parks. Weil auf ihrer Straßenseite großes Gedränge herrschte, schlug Torberg vor, auf die andere Seite zu wechseln, wo weniger Menschen waren. Molnar wehrte ab: Hinübergehen? Über die Straße? Mitten durch die Autos? Unmöglich! Das macht kein vernünftiger Mensch! – Aber Sie sehen doch, dass drüben auch Leute gehen. Wie sind denn die hinübergekommen? – Die sind schon dort geboren, erwiderte Molnar.

Seine Stücke wurden in siebenundzwanzig Sprachen übersetzt und in allen Städten Europas gespielt. Mit Frauen hatte der lebenslustige Autor hingegen wenig Glück. Sie betrogen ihn, er betrog sie. Seine Ehe mit der Operettendiva Sari Fedak war nach kurzer Zeit in die Brüche gegangen. Was die Sängerin nicht hinderte, fortan unter dem Doppelnamen Fedak-Molnar aufzutreten und so ihren verblassenden Ruhm aufzupolieren. Molnar schickte daraufhin Berichtigungen an mehrere Zeitungen in denen es hieß: Ich lege Wert darauf, kundzutun, dass Sari Fedak-Molnar nicht meine Mutter ist.

Molnars engagierten eine neue Bedienerin. Die Hausfrau wies die Perle in ihren Tätigkeitsbereich ein: In der Früh machen Sie die Küche, danach das Schlafzimmer und so weiter. Das Wichtigste aber betrifft das Arbeitszimmer meines Mannes. Es darf nicht betreten werden, solang er im Haus ist. Mein Mann muss in Ruhe arbeiten. Er wünscht es nicht, dabei gestört zu werden. Hören Sie. Unter keinen Umständen! Es kam, wie es kommen musste. Die Haushaltshilfe öffnete die falsche Tür und stand im Arbeitszimmer. Unbeeindruckt machte sie kehrt, ging zu ihrer Chefin und vertraute ihr an: Gnä Frau, ich war jetzt in Herrn Molnars Arbeitszimmer. Aber was er Ihnen erzählt, stimmt gar nicht. Ihr Mann arbeitet überhaupt nichts. Er sitzt nur am Schreibtisch und schreibt.

Franz Molnar, zwischen Wien und Budapest hin und pendelnd, war in den Kaffeehäusern beider Städte zu Hause. Wieder einmal nach Budapest zurückgekehrt, wurde ihm zugetragen, dass ihn seine Freundin während seiner Abwesenheit schamlos mit allen möglichen und unmöglichen Leuten betrogen habe. Unerschüttert replizierte Molnar: Ja, aber umsonst! Für Geld – nur mit mir.

Der Holzhändler Herczka war als neureicher Protz verschrien. Immerhin lohnte es, eine Einladung zu ihm anzunehmen, denn die Speisen waren vorzüglich, die Weine nicht minder. Dass einem der Hausherr während des Soupers vorschwafelte, was das alles kostete, nahm man in Kauf. Zufrieden wischte Molnar sich nach der Vorspeise mit der Serviette den Mund: Dürft ich noch um Kaviar für vielleicht fünf Pengö bitten?

Ich bin der Star, und ich werde nicht begrüßt? Das waren die letzten Worte Franz Molnars auf dem New Yorker Operationstisch, als die Ärzte im Mount Sinai Hospital den hereintretenden Primar begrüßten. Aus der Narkose ist er nicht mehr erwacht.

FREDERIC MORTON

1924–2015

Morton kam in Wien Hernals als Fritz Mandelbaum zur Welt. Sein jüdischer Großvater war gelernter Stanzenmacher. Er betrieb eine Manufaktur für Gürtelschnallen und Orden. In der Hitlerzeit stanzte er Parteiabzeichen für Nazi-Organisationen.

Den Eltern des Schriftstellers war die seltene Gnade zuteil geworden, ihren siebzigsten Hochzeitstag erleben zu dürfen. Aus diesem Anlass gab es in ihrer Wahlheimat Miami eine Party mit vielen, vielen Freunden und Bekannten. Am Höhepunkt des Fests erhob der 97jährige Friedrich Mandelbaum das Glas auf seine Ehefrau und verkündete: Wenn ich gewusst hätte, wie lang unsere Ehe dauern wird, hätt ich mir das damals genauer überlegt.

ROBERT MUSIL

1880–1942

As Student in Brünn liebte Robert Musil ein Mädchen namens Elsa Czuber, die Tochter eines Matheprofessors. Diese Elsa, die eigentlich Berta hieß, wurde im *Mann ohne Eigenschaften* die Zwillingsschwester des Romanhelden Ulrich. Und in Wirklichkeit die Gattin des Habsburger-Erzherzogs Ferdinand Carl, der ihretwegen seiner Stellung entsagen musste.

Musil litt darunter, dass die tonangebenden literarischen Salons ihm verschlossen waren, weil sein auf Distanz bedachtes Verhalten als Arroganz ausgelegt wurde. Er fühlte sich von der Kritik verkannt und machte sich Sorgen um seine materielle Situation. Wohlhabende Freunde bemühten sich um eine Rente, die ihm eine sorgenfreie Arbeit an seinem Romanmonstrum *Der Mann ohne Eigenschaften* ermöglichen würde. Als ein Abgesandter die erste Rate eines von privaten Mäzenen aufgebrachten Betrags überreichen wollte, der die finanzielle Basis des Musilschen Haushalts auf ein Jahr gesichert hätte, winkte der Schriftsteller selbstbewusst ab: Ich bin nicht bereit, mich mit einem Betrag abspeisen zu lassen, der einem Almosen gleichkommt.

Gräfin Mary Török von Szendro war eine schillernde Persönlichkeit. Von ihrer Mutter an Herren aus besseren Kreisen verschachert, landete sie im Harem des letzten ägyptischen Khediven. Danach betrieb sie in Wien eine Parfümerie, kreierte eine eigene Handcreme nach orientalischer Rezeptur. Zuletzt lebte sie mit einem jungen Liebhaber als Pianistin und Malerin in Graz. Sie inspirierte Musil zu der Posse *Vinzenz oder die Freundin bedeutender Männer*. Carl Zuckmayer und Bert Brecht arbeiteten eine Zeit lang als Dramaturgen am Berliner Deutschen Theater, Musil reichte ihnen sein Werk ein. Zuckmayer mochte das Stück nicht, holte deshalb Brechts Meinung ein. Der schrieb nach der Lektüre mit Riesenbuchstaben auf den Umschlag: Scheisse.

Weil er Konflikte mit den braunen Machthabern voraussah, emigrierte Musil in die Schweiz. Dort lebte er in allerdürftigsten Verhältnissen. Freunde rieten ihm, nach Amerika weiterzureisen, wo er gewiss Hilfe finden würde. Nach Amerika? erwiderte Musil fassungslos. Aber in Amerika sitzt doch schon der Thomas Mann.

Bei der Wahl des Titels zu seinem Hauptwerk hat Musil sich an einem Theaterstück seines Zeitgenossen Ludwig Winder bedient. Das hieß *Die Frau ohne Eigenschaften*. Für die Arbeit an dem Buch zahlte der Rowohlt Verlag monatliche Raten, für die der Autor jährlich ein bestimmtes Quantum an Seiten abzuliefern hatte. Der Aufforderung Musils an seinen Verleger, ihm weiterhin Geld zu schicken, auch wenn er sein Pensum nicht erfülle, folgte gewöhnlich die Drohung, sich andernfalls erschießen zu müssen.

Der Roman blieb nach vierzigjähriger Arbeit unvollendet. Über tausend Seiten erschienen gedruckt zu Lebzeiten. Der Nachlass enthält weitere 60.000 Manuskriptseiten. Mitten im Krieg gab Musils Witwe Martha im Schweizer Exil den unvollendeten Nachlassteil im Selbstverlag heraus. Der erste Teil war 1931 erschienen. Zur Herbstauktion 1984 wurde im Katalog des Berliner Versteigerungshauses Bassenge als Nr. 3139 ein dreibändiges Exemplar angeboten. Das Buch wies eine Besonderheit auf, die den Preis von 6000 Mark (etwa 3000 Euro) als niedrig erscheinen ließ: Alle Bde. mit eigenh. Namenszug Musils.

Die Satire-Zeitschrift *pardon* bot acht Seiten aus dem *Mann ohne Eigenschaften* unter falschem Namen zweiundzwanzig Verlegern zur Veröffentlichung an. Nicht ein einziger zeigte Interesse. Selbst der Rowohlt Verlag, der Musils Werk betreut, lehnte ab: Der Text eigne sich nicht für sein spezifisch literarisches Programm, hieß es.

* * *

JOHANN NESTROY

1801–1862

Mit seinen blitzgescheiten Couplets und Wortspielereien stand Nestroy in ständigem Kampf mit Metternichs strenger Polizeizensur. Obwohl es verboten war, auf der Bühne zu extemporieren, juckte es ihn immer wieder, seinem Witz aus dem Stegreif die Zügel schießen zu lassen. Bei einem seiner Auftritte suchte er die Semmeln auf dem Frühstückstisch mit der Lupe, weil sie so klein geraten waren. Das trug ihm prompt eine Klage der Bäckerinnung ein und Nestroy wanderte zwei Tage in den Arrest. Als er wieder auftrat, hatte er keine Lupe, aber auch keinen Hunger mehr. Ja, hast du denn im Gefängnis nicht fasten müssen? fragte sein Partner. Keineswegs, lächelte Nestroy. Ein Aufseher hat mir heimlich ein paar Semmerln durchs Schlüsselloch hereingeschoben.

Die Lokalposse *Zu ebener Erde und erster Stock* war mit stürmischem Erfolg aufgeführt worden. Lediglich der Kritiker Franz Wiest schrieb einen grimmigen Verriss. In der folgenden Vorstellung rächte sich Nestroy mit einem seiner Extempores: Im zweiten Akt, 21. Szene, beim Herrichten der Karten für das Whistspiel, einen Vorläufer des Bridge, philosophierte er: An dem Tisch wird Whist gespielt. Merkwürdig, dass das geistreichste Spiel seinen ehrlichen Namen von dem dümmsten Kerl in Wien hat! Ein Riesenlacherfolg, tobender Applaus. Wiest klagte, und sein Widerpart musste fünf Tage ins Gefängnis.

Nestroy hatte einen geradezu fanatischen Ehrgeiz, seine Rollen tadellos auswendig zu können. Fuchsteufelswild konnte er werden, wenn er hängen blieb und außerdem womöglich von dem hilfreichen Geist im Souffleurkasten aus dem Konzept gebracht wurde. So hatte er einmal in einer Rolle zu melden: Mein Graf, der Ritter ist entflohen! Er kam nur bis: Mein Graf ..., dann hatte er den Text verloren. Gewohnt zu improvisieren, erklärte er kurz und bündig: Der Ritter ist gefangen worden! Die aufgescheuchte Souffleuse flüsterte: Nein, nein. – Nein, setzte Nestroy mit Grabesstimme fort, er ist enthauptet worden! Jetzt verbesserte ihn die Souffleuse ziemlich vernehmbar: Er ist ent – flo – hen! Nestroy fügte deshalb beruhigend hinzu: Aber dann ist er entflohen!

Alle Briefe müssen geöffnet werden.
Wenzel Scholz und Johann Nestroy.
Zeitgenössischer Stich

Apropos Souffleur. Im achtzehnten Jahrhundert hieß er Einhalter, noch Goethe nannte ihn so. Auf einer Probe bemerkte ein Schauspieler, dass es für dieses Wort keine entsprechende Bezeichnung gäbe. Doch, sagte Nestroy: Kastengeist. Und wurde so zum Schöpfer dieses in der Bühnensprache gebräuchlich gewordenen Ausdrucks.

Nicht zu bezähmen war Nestroys Hang zum Extemporieren. In einer Posse (*Karnevalsabenteuer im Schlossergassel* von Gottsleben) hatte er von einer Mitspielerin zu sagen, sie sei die gute Stunde selbst. Nestroy wirft einen abschätzenden Blick auf den beträchtlichen Umfang der Darstellerin und ergänzt: Man könnt schon bald sagen: die gute anderthalb Stund.

Seine Lust am Extemporieren zeigte Nestroy schon als blutjunger Schauspieler in Graz. In einer Benefizvorstellung gab man Raimunds *Alpenkönig* mit Nestroy als Rappelkopf. Das Haus war gut besucht. Plötzlich verbreitete sich die Nachricht, dass draußen auf dem Hauptplatz ein Feuer ausgebrochen sei. Neugierig sprangen die Zuschauer von den Sitzen und drängten zum Ausgang. Da stürzte Nestroy an die Rampe und rief: Meine Herrschaften! Wenn S' ein Feuer sehen wollen, so warten S' bis zum zweiten Akt! Wir treffens auch!

Nestroy war ein hilfsbereiter Mensch und wurde deshalb häufig angepumpt. Einmal brachte ein Bub einen Zettel, auf dem stand: Lieber Freund, bitte leih mir fünf Gulden. Das heißt, eigentlich brauch ich zehn ... – Nestroy schrieb auf die Rückseite: Lieber Freund, beiliegend deine fünf Gulden. Das heißt, eigentlich brauch ich sie selbst.

Der Theatersekretär Franz vom Carltheater war ein Zuträger und Intrigant, ein richtiges Schlieferl. Als der Direktor einen runden Geburtstag feierte, beratschlagten die Künstler über das Geschenk, das sie ihm überreichen wollten. Es darf nicht viel kosten, sagten sie. Und es soll auch uns allen Freude machen. – Allen Freude machen? überlegte Nestroy. Ich hab's: Wir hängen den Franz auf. Das kostet gar nix, und freuen tut's uns alle!

Im persönlichen Umgang konnte Nestroy recht grob und ungehobelt sein. Ein junger Mime beschwerte sich, dass die Bühnenkollegen ihn von oben herab behandelten, ja richtiggehend mobbten. Nestroy beschwichtigte: Schaun S', junger Mann. Schauspieler sind schreckliche Leut, ein fürchterliches Volk. Sein S' froh, dass Sie keiner sind.

Eine Schauspielerin war gestorben, die mit Nestroy, und nicht nur mit ihm, ein Gspusi gehabt hatte. Sie hinterließ keine Angehörigen, aber desto mehr Schulden, daher kam ihre Verlassenschaft unter den Hammer. Einige junge Kolleginnen vom Theater wollten gern etwas kaufen, murrten aber über die hohen Preise. Die Maderln, ätzte Nestroy, möchten die Sachen am liebsten zum Selbstkostenpreis.

In seiner Ehe erlebte Nestroy bittere Enttäuschungen. Mit bissigen Bemerkungen machte er seinem Groll über das weibliche Geschlecht Luft. Als man ihn nach dem Befinden eines gemeinsamen Bekannten fragte, antwortete er: Seine Frau ist seit drei Wochen auf Sommerfrische. Er schaut schon viel besser aus. Den Kuraufenthalt eines befreundeten Ehepaars in Karlsbad kommentierte er mit den Worten: Sie wiegt neunundneunzig Kilo und nimmt jedes Jahr elf Kilo ab. In neun Jahren ist er sie los.

Der Vormärz war eine Zeit der politischen Unruhen. Jedes Gerücht wurde geglaubt, war es auch noch so absurd. Nestroy stürzte in die Theatergarderobe: Leutln, habts ghört? Na so was! Alle Briefe, die von Frankreich kommen, müssen geöffnet werden! – Aber nein, staunte die Kollegenschaft, von Sensationslust geschwellt. Warum müssen sie denn geöffnet werden? – Na, sonst könnt ma sie ja net lesen!

In den stürmischen Monaten des Revolutionsjahres 1848, als es zu blutigen Barrikadenkämpfen kam, traten die Mitglieder des Carl Theaters unter der Führung ihres Prinzipals geschlossen in die Bürgerwehr ein. Bis an die Zähne uniformiert (aus dem Theaterfundus) schoben der kleine dickbauchige Komiker Wenzel Scholz und der spindeldürre Nestroy Wache bei der Ferdinandsbrücke an der Jägerzeile, der heutigen Praterstraße. Nachdem die Unruhen niedergeschlagen waren, fragte man das kuriose Paar, was es denn dort gemacht habe an der Brücke, wo sogar geschossen wurde. Na was solln ma schon gmacht haben? brummte Scholz: Zittert hamma.

In Budapest waren aus politischen Gründen hohe, schmalrandige Zylinderhüte unbeliebt. Sie galten als Symbol reaktionärer, kaisertreuer Gesinnung. Das »Antreiben« der im Volksmund als Angströhren bezeichneten Kopfbedeckungen wurde zum Volkssport. Just zu dieser Zeit erhielt Nestroy das Angebot für ein Gastspiel. Er schlug den großzügigen Antrag mit der Begründung aus: Leider kann ich nicht kommen, weil ich mir soeben einen neuen Zylinder angeschafft habe.

Nestroy gastierte in München als Schuster Knieriem in seiner Zauberposse *Der böse Geist Lumpazivagabundus*. Nach der Vorstellung ließ Bayerns König Ludwig I. den Künstler in seine Loge rufen und sprach ihm seine Anerkennung aus. Nur die Wirtshausszene kam ihm übertrieben vor. Sagen Sie, Herr Autor, wo haben Sie denn Ihre Studien zu diesem Knieriem gemacht? fragte er. Halten zu Gnaden, Majestät, im königlichen Hofbräuhaus.

Lumpazivagabundus war so überaus erfolgreich, dass sich der tüchtige Theaterdirektor Carl von dem Ertrag elf Häuser kaufen konnte. Sie lagen im Nobelbezirk Hietzing und wurden im Volksmund »Lumpazidörfl« genannt.

Nestroy starb in Graz an den Folgen eines Schlaganfalls. Vierzehn Tage vor seinem Tod war er noch aufgetreten, und zwar als Pitzl in der Posse *Umsonst*. Und so lautete sein letztes Wort auf den Brettern, die angeblich die Welt bedeuten: »Umsonst!« Die Ärzte, die ihn behandelten, gerieten über Art und mutmaßlichen Verlauf der Krankheit sowie über den Einsatz geeigneter Gegenmittel in einen erregten Disput. Nestroy bat um Ruhe: Meine Herren, lassen Sie mich eines natürlichen Todes sterben. Den um sein Sterbebett versammelten Freunden flüsterte er zu: Tröstet euch. Ihr werdet nicht so lange über mich weinen, wie ihr über ich gelacht habt.

Über dreißig Jahre hatte Nestroy mit Marie Weiler zusammengelebt, sie gebar ihm zwei Kinder, Karl und Marie. Nachdem sie gestorben war, wurde sie in Nestroys Grab im Währinger Friedhof beigesetzt. Später kamen beide in ein Ehrengrab im Wiener Zentralfriedhof, doch der Name Weiler durfte laut Beschluss des Gemeinderats auf dem Grabstein nicht aufscheinen. Erst 2004 ist dieses Unrecht korrigiert worden.

* * *

ROBERT NEUMANN

1897–1975

Als Zwanzigjähriger hatte Robert Neumann einen Kurzroman in der stilistischen Nachfolge Thomas Manns geschrieben, mit Sätzen, die sich über mehr als zwei Seiten erstreckten. Jakob Wassermanns Frau, die mit Neumanns Eltern bekannt war, übernahm es, das Manuskript ihrem Mann auf den Tisch zu legen. Vier Wochen vergingen. Dann bestellte der berühmte Autor den Möchtegern-Kollegen zu sich. Junger Mann, geben Sie mir Ihre Hand, sagte er feierlich. Und jetzt versprechen Sie mir, dass Sie das Schreiben aufgeben. Sie sind völlig unbegabt!

Neumann war zerschmettert. Um ihm die Aussichtslosigkeit seiner Bemühungen vor Augen zu führen, wollte Wassermann dem Anfänger zeigen, wie wirkliche Prosa aussieht. Er habe soeben den Roman *Christian Wahnschaffe* beendet, aus ihm werde er abends in kleinem Kreis vorlesen und er dürfe dabei sein. Auch ein anderer Zuhörer war eingeladen, der Korrespondent der *Vossischen Zeitung*, Emil Ludwig. Wassermann stellte die beiden einander vor: Herr Doktor Ludwig – ein Herr Neumann. Gegen dieses »ein Herr Neumann«, das meine Jünglingseitelkeit tief verletzte, schloss Neumann, wenn er diese Anekdote zum Besten gab, bin ich Schriftsteller geworden.

Seine Parodien *Mit fremden Federn*, die zum Allgemeingut jedes Literaturunterrichts gehören, bot Neumann in drei Jahren vergeblich nicht weniger als sechzehn Verlegern an. Dann heuerte er entmutigt auf einem niederländischen Tanker an und schipperte in den Fernen Osten. Bei seiner Rückkehr stellte er fest, dass sein Buch inzwischen eine Auflage von zwanzigtausend Exemplaren erreicht hatte. Der Pariser Verlag Calmann-Lévy begründete die Ablehnung des Neumann-Manuskripts mit dem stolzen Argument: Wir haben schon Balzac abgelehnt.

Als einer der ersten hatte Neumann Friedrich Torbergs Sportroman *Die Mannschaft* zu lesen bekommen. Den neugierigen Kollegen teilte er mit: Ich muss gestehen, ich war ursprünglich skeptisch, schon allein, weil Sportromane jetzt in Mode sind. O weh, hab ich gedacht. Da will sich ein Kaffeehausjud als Sportler gebärden. – Und? Bist du eines Besseren belehrt worden? – Ja. Jetzt weiß ich, dass sich da ein Sportler als Kaffeehausjud gebärden will.

Wie Friedrich Torberg hatte sich Neumann in seiner Jugend als Wasserballer und Sportschwimmer betätigt. Um diesbezüglichen Rivalitäten ein für allemal vorzubeugen, schlossen die beiden folgendes Gentlemen's Agreement: Neumann sei der beste Wasserballer unter den zeitgenössischen Schriftstellern, Torberg der beste Schriftsteller unter den zeitgenössischen Wasserballern.

Unerhört, erzählte Neumann in seiner Kaffeehausrunde. In der Tramway hat mich der Schaffner angeschaut, als ob ich den Fahrschein nicht bezahlt hätte. – Und? Was hast du gemacht? – Ich hab ihn so angesehen, als ob ich bezahlt hätte.

In seinen Londoner Emigrationsjahren wollte Neumann ein Haus erwerben. In einer Zeitung entdeckte er eine Anzeige, in der davon die Rede war, dass jemand sein Haus aus Altersgründen verkaufe. Da Lage und Preis günstig schienen, fuhr Neumann zu der angegebenen Adresse und fand dort einen jungen und offensichtlich gesunden Mann vor. Sie wollen aus Altersgründen verkaufen? erkundigte er sich. Sie sind doch höchstens dreißig Jahre alt. – Stimmt, sagte der Mann. Aber das Haus hat dreihundert auf dem Buckel.

Einen regelrechten Skandal erregte Neumanns Buch *Olympia*. Darin erzählt die Schwester von Felix Krull ihre Biographie. Thomas Manns Tochter Erika schäumte, der Autor habe das Andenken ihres Vaters beschmutzt. Zudem warf sie ihm vor, den Roman *Meine schöne Mama* einer gewissen Mathilde Walewska schamlos ausgebeutet zu haben. Bis sich herausstellte, dass Neumann selbst gemeinsam mit seiner (dritten) Frau dessen Verfasser war.

* * *

*Das Leben der Juden gleicht einem Regenwurm. Leo Perutz,
gezeichnet von Benedikt Fred Dolbin*

LEO PERUTZ

1884–1957

Leo Perutz gehörte zu den literarischen Zelebritäten des Cafe *Herrenhof*. Sein Roman *Zwischen Neun und Neun* war der größte Bucherfolg der Zwanzigerjahre des vergangenen Jahrhunderts. Alfred Hitchcock ist durch ihn zu dem Film *The Lodger* angeregt worden. Zeitungen rissen sich um ihn und steigerten mit dem Vorabdruck seiner spannenden Romane ihre Auflage. Sein Werk ist in einundzwanzig Sprachen übersetzt.

Obwohl er bei der Mathe-Matura mit Bomben und Granaten durchgefallen war, beschäftige Perutz sich Zeit seines Lebens mit Problemen der höheren Mathematik und entwickelte die nach ihm benannte, im Versicherungswesen angewandte Ausgleichsformel. Im Oktober 1907 trat er eine Stelle als Versicherungsmathematiker bei der *Assecurazioni Generali* an, am selben Tag und bei derselben Gesellschaft wie Franz Kafka.

Im *Herrenhof* pflegte er verschiedene Hobbys: Mit dem Rechtsanwalt Doktor Sperber, mit Peter Altenberg und dem Schriftsteller Paul Elbogen trug er Tarock-, Poker-, Schach- und Bridgepartien aus. Unter Pseudonym schrieb er sogar ein Bridgebuch, das in den USA ein großer Erfolg wurde. Elbogen, der sich gern mit seiner Kunstkennerschaft in Szene setzte, erzählte am Kaffeehaustisch weitschweifig von seinem glücklosen Versuch, in einem Museum bei Fiesole ein unbekanntes Tiepolo-Gemälde zu besichtigen: Das Museum war gesperrt. Bitte stellen Sie sich das vor! Ich bin mit einem erbärmlichen Bummelzug hergefahren. Ich stehe in glühender Hitze vor einem Museum, in dem ein unbekannter Tiepolo hängt. Und ich muss mich fragen: Wie komme ich in das Museum hinein? Mitten in das erwartungsvolle Schweigen erteilt Leo Perutz dem Erzähler den Rat: Vielleicht wenn Sie sich hätten ausstopfen lassen!

Beim Ausbruch des Ersten Weltkriegs war Perutz einer der ersten Verwundeten. Als Landsturminfanterist des k. u. k. Infanterieregiments Nr. 88 wurde er an der galizischen Front durch einen Lungensteckschuss lebensgefährlich verletzt. Wochenlang schwebte er zwischen Leben und Tod. Im Cafe *Herrenhof* erzählte er: Ich saß am Ufer des San auf einer Grabenböschung und las gerade im *Wiener Journal*, als eine russische Granate einschlug und mich verschüttet hat. Im Feldspital wurde ich gefragt, was mein erster Gedanke gewesen sei, nachdem ich aus der Ohnmacht erwachte. Mein erster Gedanke war, dass ich nie wieder das *Wiener Journal* lesen werde.

Nach der Kriegsverletzung hatte er nur noch einen Lungenflügel, trotzdem sah man ihn nie ohne Zigarette. Sie sollten Sport betreiben, Herr Perutz, riet ihm ein Arzt. Golf zum Beispiel. Viele ältere Herren halten sich damit beweglich. – Das ist möglich, gab Perutz zu. Aber sehen Sie, da wehrt sich der Mathematiker in mir. Beim Golf legt man eine Kugel von vier Zentimeter Durchmesser auf eine andere von vierzigtausend Kilometer Umfang. Und nun soll man bei Zuschlagen nicht die große, sondern die kleine Kugel treffen. Das können nur Leute versuchen, die noch nie etwas von Wahrscheinlichkeitsrechnung gehört haben.

Für das Söhnchen einer befreundeten Familie hatte Perutz zu Weihnachten ein Steckenpferd gekauft. Persönlich brachte er das Geschenk am Heiligen Abend ins Haus, packte es an der Tür aus, bestieg es und kam unter Hopphopp-Rufen und Gewieher ins Bescherungszimmer geritten. Kurzsichtig wie er war, merkte er erst nach der dritten Umkreisung des Christbaums, dass er sich in einer falschen Wohnung befand.

In der literarischen Szene galt Perutz als rau, sarkastisch, verletzend. Wenn sich jemand seinem Kaffeehaustisch näherte mit den Worten, welche Ehre es sei, ihn zu treffen, erhielt er die Antwort: Die Ehre liegt ganz auf Ihrer Seite. Eine hübsche junge Dame flehte einen Bekannten namens Oplatek an, sie mit Perutz bekannt zu machen, sie verehre ihn namenlos, lese seit Jahren alle seine Romane. Oplatek tat es. Das arme Geschöpf flötete: Herr Perutz, ich habe eben ihren Roman *Der Meister des jüngsten Tages* gelesen, wie alle anderen … Weiter kam sie nicht. Perutz schrie ihr mit angeekelter Grimasse entgegen: Für so schiache Weiber wie Sie schreib ich nicht! Worauf Oplatek ihm ein Glas Wasser ins Gesicht schleuderte. Ein Handgemenge folgte, die Gegner – Perutz blutend von den Glasscherben – mussten vom Ober getrennt werden.

Vom Ende der Vierzigerjahre bis zu seinem Tod lebte Perutz abwechselnd in Israel und in Sankt Wolfgang, wo er Freunde aus der Vorkriegszeit wiedertraf. Alexander Lernet-Holenia gegenüber bekannte er: Das Leben der Juden gleicht dem eines Regenwurms, der durch zwei Weltkriege in drei Teile geschnitten worden ist. Der letzte Teil windet sich ein bisschen, jammert, klagt Jehova an, gräbt sich ein und lebt weiter. Der Grabstein in Bad Ischl trägt die Menorah, den siebenarmigen Leuchter.

ALFRED POLGAR

1873–1955

Als Weltrekordler im Ein-Meter-Lauf ist Alfred Polgar in die Literaturgeschichte eingegangen. Er war der Großmeister der kleinen Texte. Wo andere mehrspaltige Artikel füllten, kam er mit einem Satz aus. Die Besprechung eines langen und langweiligen Theaterstücks ließ er in dem Satz gipfeln: Als ich um elf auf die Uhr sah, war es halb zehn. Eine Aufführung des Theaters in der Josefstadt verließ er gleich nach dem Hochgehen des Bühnenvorhangs mit dem Ausruf: Schon wieder Zimmer! Und über Frank Wedekind, dessen Tragödien *Lulu* und *Frühlings Erwachen* das Publikum schockierten, urteilte er, der Autor werde wenn schon nicht in die Literaturgeschichte, so doch in die Geschichte der Medizin eingehen. Denn er habe ein medizinisches Phänomen geschaffen: den Unterleib ohne Dame.

Die im Cafe *Central* verkehrenden Geistesgrößen zogen naturgemäß Verehrer an, deren Anbiederungsversuche je nachdem geduldet oder ignoriert wurden. Ein besonders lästiger Stammgast folgte Polgar auf die Straße, gesellte sich devot an seine Seite und stellte ihm die scheinbar ausweglose Frage: In welche Richtung gehen Sie, Herr Polgar? Er erhielt den prompten Bescheid: In die entgegengesetzte.

Einer der Kollegen, die Polgar umbuhlten, war Egon Erwin Kisch. Um sich als Polgar-Fan zu legitimieren, kaufte er dessen jüngst erschienenes Buch und legte es ihm mit der Bitte um eine persönliche Widmung vor. Polgar schrieb: E. E. Kisch, dem mutigen Stilisten und feinsinnigen Revolutionär!

Polgar war leidenschaftlicher Büchersammler. Er verfügte über einen Schatz bibliophiler Kostbarkeiten, die er ungern verlieh. Ehe ich ein Buch herborge, lautete sein Grundsatz, kauf ich lieber ein neues. Leider kam er einmal nicht umhin, einen seiner Schätze aus der Hand zu geben. Und tatsächlich, als er den Band zurückbekam, prangte darin unübersehbar ein Fettfleck. Er ließ dem Schänder eine Ölsardine zukommen mit dem Kommentar: Anbei sende ich Ihnen das Lesezeichen zurück, das Sie in meinem Buch vergessen haben.

Vor den Nationalsozialisten flüchtete Polgar in die Vereinigten Staaten. Als man ihm zutrug, ein gemeinsamer Freund aus Wiener Tagen sei auf die

Der Österreicher ist so deutsch wie seine Donau blau ist.
Alfred Polgar.
Zeichnung von Benedikt Fred Dolbin

Philippinen ausgewandert, und das sei halt doch recht weit, relativierte er: Weit – von wo? Wie immer war er es, der am brillantesten zusammenfasste, was alle empfanden. Ein Emigrant, sagte er, ist ein Mensch, der zwei Fremden und keine Heimat hat.

Der Schauspieler und Regisseur Fritz Kortner hatte nach seiner Rückkehr in München eine Wohnung in der Maximilianstraße bezogen, auf die er überaus stolz war. Wer immer ihm über den Weg lief, wurde, ob er wollte oder nicht, zur Besichtigung genötigt. Ungerührt ließ Polgar die mit weit ausgreifenden Gesten verbundenen Schilderungen der Vorzüge seines neuen Heims über sich ergehen, die in der Aussage gipfelten: Und das angenehmste an der Wohnung ist, dass sie kein vis-a-vis hat. Woraus Polgar lakonisch erwiderte: Wie angenehm muss das erst für das vis-a-vis sein!

Als Halbvergessener aus der Emigration in seine Heimatstadt zurückgekehrt, verschickte er nach seinem recht still verlaufenen fünfundsiebzigsten Geburtstag gedruckte Karten, die mit den Worten begannen: Durchaus imstande, jedem einzeln zu danken, von dem ich ein Zeichen der Sympathie empfing …

* * *

HELMUT QUALTINGER

1928–1986

H elmut Qualtinger ist bekanntlich nicht als Abstinenzler in die Annalen eingegangen. Ein Krügerl sind sechs Semmeln, rechnete er. Den Gspritzten trank er grundsätzlich ohne Mineralwasser. Einmal bestellte er in der Kantine des Wiener Funkhauses ein Viertel. Roten oder Weißen? fragte der Kantineur. Quasi: Seit wann habts ihr an roten Slibowitz?

Der Bildhauer Fritz Wotruba war, was man ein gstandenes Mannsbild nennt. Vierschrötig, ein Grobian, ein Raufbold. Eines Nachts im *Gutruf*. Wotruba sitzt da und trinkt. Qualtinger gleichfalls. Am nächsten Nachmittag treffen die beiden einander auf dem Stephansplatz, den Arm in Gips. Ja, was is denn dir passiert? fragen sie einander. Aber, im Gutruf, so Wotruba, is mir ana blöd daherkommen ... Mir aa, ruft Qualtinger. Verdutzt schauen sie einander an, bis ihnen ein Licht aufgeht.

Qualtingers practical jokes waren gefürchtet. Als die Bundesregierung die Einführung eines Schmutz- und Schund-Gesetzes diskutierte, forderte er den Unterrichtsminister Hurdes brieflich auf, den Buchstaben U aus dem deutschen Sprachschatz entfernen zu lassen, da dieser unsittlich, unseriös und unschön sei. Das U führe vom geistigen Unrat über die WollUst direkt zum LUstmord. Nachts montierte er mit Freunden anstößige Us von Geschäftsportalen ab. Zurück blieben das Modeha s Bra n, ein Fachgeschäft für G mmiwaren, das Bl menha s a f der Frey ng. Die Us wurden in einem Leiterwagerl beim Portier des Unterrichtsministeriums deponiert.

Auf gestohlenem Briefpapier des PEN-Clubs kündigte er den Besuch des berühmten Eskimo-Dichters Kobuk an, Verfasser des Dramas *Einsamer Iglu*. Auch wenn einige Journalisten den Qualtinger-Quatsch früh entlarvten, erschienen zahlreiche Reporter zum großen Empfang am Wiener Westbahnhof. Mit Mütze und dickem Wintermantel stieg Kobuk aus dem Zug. Auf die Frage, wie ihm die Stadt gefalle, antwortete er: Haaß is!

Im Fernsehkabarett *Spiegel vor'm Gsicht* parodierte er die Volksschauspielerin Anni Rosar. Tags darauf läutet bei Fernsehdirektor Gerhard Freund das Telefon. Anni Rosar ist am Apparat, bitterböse, »weil sich der Herr Qualtinger über mich lustig macht!« Freund versucht der alten Dame

Seit wann habts ihr an roten Slibowitz? Helmut Qualtinger.
Federzeichnung von Dieter Zehentmayr

höflich zu erklären, dass es für Kabarettisten keine Zensur gebe, doch die Rosar ist nicht zu besänftigen. Insgesamt sechsmal ruft sie an, ehe sich der Direktor von der Sekretärin verleugnen lässt. Dann hat er ein schlechtes Gewissen und ruft zurück. Anni Rosar reagiert überrascht: Herr Direktor, ich hab Sie noch nie im Leben angerufen!

Seinen größten Triumph feierte Qualtinger mit dem Monodram *Der Herr Karl*. Darin wird der ewig schlaue Anpassler aufs Korn genommen. Die Fernsehübertragung löste einen shit-storm ohnegleichen aus. Hans Weigel kommentierte: Der Herr Karl wollte einem bestimmten Typus auf die Zehen treten. Und ein ganzes Volk schreit Au!

Den legendären Herrn Karl, der das Vorbild für die Rolle seines Lebens lieferte, hat es wirklich gegeben. Er war Ladendiener in der Wein- und Likörhandlung von Elisabeth Gerhardus in der Wiener Führichgasse 6 und erzählte seine Lebensgeschichte dem Autor Carl Merz, der drei Stockwerke über dem Lokal wohnte.

Nach gemeinsamen erfolgreichen Kabarettjahren schieden Qualtinger und Gerhard Bronner in Unfrieden. Aus kleinlichen Eifersüchteleien entstand eine zum Gaudium des Publikums öffentlich ausgetragene Fehde. Eine Zeitung berichtete, dass Bronner zu einer Welt-Tournee aufgebrochen sei. Qualtinger las es bei einer Probe im Fernsehstudio. Er ging, die Zeitung schwenkend, zu den Kollegen und beglückwünschte sie: Ich gratuliere euch, Freunde. Wien wird endlich Weltstadt. Der Bronner ist im Ausland. Friedrich Torberg versuchte zu vermitteln. Wenns dir recht ist, sagte er zu Bronner, red ich mit dem Qualtinger. Er hört auf mich. Vielleicht kann ich die blöde Streiterei zwischen euch schlichten. – Das ist lieb von dir, sagte Bronner. Aber ich kenn ihn länger als du. Ich kenn ihn aus der Zeit, wo ihm noch meine Anzüge gepasst haben. Mehr als das: Die Hose, in der er geheiratet hat, hab ich ihm geschenkt. Torberg wiegte bedenklich den Kopf: Oi weh. Das verzeiht er dir nie.

* * *

FERDINAND RAIMUND

1790–1836

Ferdinand Raimund, der als Komiker und Dichter das Publikum der Wiener Vorstadt zum Lachen brachte, war ein unglücklicher und mit sich selbst zerfallener Mensch, der schließlich durch Selbstmord endete. Er hatte eine leise, schnarrende Stimme, litt an einem Sprachfehler, dazu kam seine unscheinbare Gestalt. Bekümmert stellte er fest: Ich bin zum tragischen Heldenspieler geboren. Was mir fehlt, ist halt nur die Figur und das Organ.

Sein heftiges Temperament verstrickte den Publikumsliebling in zahlreiche tragische Affären. In jungen Jahren stürzte er sich aus unglücklicher Liebe in die Raab. Der Selbstmordversuch misslang, weil ihn ein weiter Mantel am Untergehen hinderte. Er wurde herausgefischt, ging aber kurze Zeit danach wegen einer anderen Frau wieder ins Wasser. Als Eduard von Bauernfeld ihn damit hänselte, dass er ja schließlich am Leben geblieben sei, meinte Raimund gekränkt: Der Mensch kann sich doch nicht in einem fort umbringen.

Raimunds »aufbrausender, grober Charakter« war amtsbekannt. Als ihm die Schauspielerin Therese Grünthal, mit der er zusammenlebte, mit einem Galan durchging, verprügelte er sie derart, dass der Polizeiarzt Spuren von Misshandlungen feststellte. Das brachte ihm drei Tage Arrest ein, verschärft mit Eisen und Fasten. Nachdem er seine Bühnenkollegin Louise Gleich geschwängert hatte, zwangen ihn deren Eltern zur Ehe. Er blieb jedoch der Hochzeit fern und wurde dafür vom Publikum ausgepfiffen. Vier Tage später heiratete er, ein Jahr darauf zog seine Frau zu ihren Eltern zurück. Das gemeinsame Kind wurde nur drei Monate alt.

Ein Bekannter wollte seinen fachmännischen Rat einholen, wie man mit einer zänkischen Frau auskommen könne. Das is ganz einfach, sagte Raimund. Nehmen Sie sich ein Beispiel an mir. Meine Frau will um halb eins Mittag essen, ich um halb zwei. Also essen wir um eins – und zerspringen beide.

Bevor er sich der Schauspielerei verschrieb, war Raimund Zuckerbäckerlehrling gewesen. In Preßburg trat er mit einer Schmierentruppe auf. Von Szene zu Szene steigerte sich die Unzufriedenheit des Publikums. Am

Mir fehlt nur die Figur und das Organ.
Ferdinand Raimund als Adam Kratzerl.
Stahlstich aus Bäuerles Theaterzeitung

Schluss warf man mit faulen Äpfeln auf die Bühne. Und doch gab es für mich Beifall an diesem Abend, erzählte Raimund im Cafe *Rebhuhn*. Als einer der Äpfelwerfer besonders gut getroffen hatte, applaudierte das ganze Haus.

Einmal wirkte Raimund in einer Posse mit, in der er zu sagen hatte: Den Mann hat der Schlag getroffen! Worauf der Partner zu fragen hatte: Was?

Der Schlag? – Ja, der Wagenschlag, war dann die Antwort, die im Publikum immer große Heiterkeit auslöste. Nun wollte Raimunds Gegenspieler einen Scherz machen und rief, die Pointe vorwegnehmend, auf sein Stichwort »den Mann hat der Schlag getroffen«: Jaja, ich weiß schon, der Wagenschlag! – Jawohl, Sie Lausbub! tobte Raimund.

Auf einer Wanderung durch das Piestingtal begegnete Franz Grillparzer dem Kollegen Raimund im Wald. Er war in einen großblumigen Schlafrock gekleidet, der von Harz triefte, aus den Taschen quollen Papiere und Bücher, hinter jedem Ohr steckte eine Schreibfeder, und an seinem Stock befand sich statt des Knaufs ein Tintenfass. Herr im Himmel, Raimund, wie sehen Sie denn aus? rief Grillparzer. Wie soll i denn aussehen, antwortete Raimund, wenn i auf die Bam sitz und dicht!

Raimund hatte eine fatale Neigung zu Schwermut und Hypochondrie. Mit sechsundvierzig Jahren beging er Selbstmord, weil er nach einem Hundebiss Tollwut zu haben glaubte. Nach einer in wahnsinniger Angst verbrachten Nacht jagte er sich einen Kugel durch den Mund ins Gehirn. Dem herbeigerufenen Badearzt Doktor Rollett, der ihn untersucht, deutet der Todgeweihte, dass er schreiben möchte. Auf ein Stück Papier kritzelt er mit der linken Hand: Gott anbeten.

Das Grab im Waldfriedhof von Gutenstein hat Raimunds Lebensgefährtin Antonie Wagner gestiftet: eine abgestutzte Pyramide aus grauem Granit, in der eine ausgesparte Nische eine Porträtbüste birgt. Ein Teil seiner nachgelassenen Schriften wurde als Einwickelpapier für Butterbrote verschenkt und ist für immer verlorengegangen.

* * *

GREGOR VON REZZORI

1914–1998

Arnulf Herbert Gregor von Rezzori, kultivierter Lebemann und liebenswertes Überbleibsel aus den Zeiten der k. u. k. Monarchie, in Czernowitz geboren, war Bürger des habsburgischen Kronlandes Bukowina, dann Rumäne. Dann Volksdeutscher, dann Staatenloser und schließlich wieder Österreicher. Seinen Alterswohnsitz fand er in der Toskana.

Zeit seines bewegten Lebens fuhr er unzählige Jaguars. Nach einer seiner vielen Scheidungen von Gerichts wegen zur Vermögensteilung gezwungen, ließ er seine heißgeliebte MK II-Limousine von einem Spezialisten in der Mitte auseinandersägen und die rechte Hälfte an die Villa der ehemaligen Gattin lehnen. Deren Reaktion ist leider nicht überliefert.

Rezzori hieß bürgerlich schlicht Rezori. Seine Frau lispelte, und weil er dieses Lispeln anmutig fand, fügte er dem Familiennamen kurzerhand ein Zett und das poetische d'Arezzo hinzu. Als sie ihm den ersten Sohn gebar, nannte er in Enzio, dem Mittleren gab er den Namen Azzo, der Jüngste wurde auf den Namen Ezzelino von Rezzori d'Arezzo getauft. Sechs Zetts! Ein Zungenbrecher. Als der mittlere Bruder Azzo merkte, dass das italienische Wort cazzo ein grober Ausdruck für das männliche Geschlechtsteil ist, nannte er sich Robert. Der älteste Sohn, Enzio, musste auf Grund behördlicher Verfügung seinen Namen um ein Zett abspecken. Er hieß wieder Rezori wie sein Großvater. Der mittlere Sohn trieb die Verschlankung weiter und verzichtete freiwillig auf das »von«. Der Jüngste ließ sich adoptieren. Seine Adoptivmutter war verwitwet. Durch die Adoption wurde er zu einem juristischen Halbwaisen. Als sie starb, galt er vor dem Gesetz als Vollwaise. Der einzige Vollwaise, dessen Eltern noch lebten.

* * *

Der Wunderrabbi von Sadagura.
Zeichnung von Gregor von Rezzori

Das Leben ist eine Herrlichkeit. Rainer Maria Rilke.
Federzeichnung von Emil Orlik

RAINER MARIA RILKE

1875–1926

Während der ersten sechs Lebensjahre wurde Rilke von seiner Mutter wie ein Mädchen behandelt. Sie zog ihm Schürzchen und Kleidchen an, versorgte ihn mit Puppen und rief ihn Sophie. In ihrer Fantasie war er der Ersatz für eine Schwester, die vor seiner Geburt gestorben war.

Rilkes erstes Gedicht *Die Schleppe ist nun Mode* erschien im September 1891 in der Zeitschrift *Das interessante Blatt*. Der Dichter war damals ganze fünfzehn Jahre alt. Als Siebzehnjähriger verknallte er sich in die Kinderschwester Olga Blumenauer. Die Verbindung wurde von allen Seiten torpediert und der liebestolle Sprössling, der sich von Olga trennen sollte, brannte mit ihr durch. Die beiden wurden in einem obskuren Wiener Hotel aufgegriffen und ein für allemal auseinandergebracht.

Wie andere junge Männer wurde Rilke in den ersten Kriegstagen bei einem Infanterieregiment in der Hütteldorfer Kaserne stellig gemacht. Bei der Inspektion brüllte der Feldwebel: Wie heißen Sie? – Rainer Maria Rilke, Herr Feldwebel! – Leutln, schauts her, lachte der Unteroffizier vor versammelter Kompanie, mir ham an Rekruten, der Mizzi heißt.

Im Jänner 1916 wurde Rilke ins Kriegsarchiv abkommandiert, wo sich eine Gilde von Schriftstellern mit dem Heldenfrisieren beschäftigte. Jeder Geländegewinn von ein paar Metern wurde zur gewonnenen Schlacht hochgejubelt. In einem seiner letzten Regierungsakte verlieh Kaiser Karl ihm dafür das Offizierskreuz des Franz Joseph-Ordens. Als Rilke das Dekret erhielt, war die Monarchie schon zusammengebrochen.

Mehr als zehn Jahre litt Rilke an einer »notvollen Schaffenskrise«, bis endlich »in einem namenlosen Sturm, einem Orkan« innerhalb weniger Tage sechs *Duineser Elegien* aus ihm herausbrachen. Allein für die fünfte, immerhin über hundert hochkomplexe Zeilen lang, brauchte er nicht einmal einen Tag.

Vom Ertrag seiner Gedichte konnte Rilke nicht leben, wer kann das schon? Also wollte er seinen Unterhalt mit dem Verfassen von Künstler-

Monographien sichern. Ein Jahr lang bosselte er an einem Buch über den Bildhauer Auguste Rodin. Damit verdiente er so viel, wie er in einem Monat verbrauchte. In Liebesangelegenheiten dachte er rationeller. Ein und denselben Liebesbrief, den er für die Pianistin Magda von Hattingsberg gedrechselt hatte, schickte er achtzehn Monate später der Schauspielerin Loulou Lazard: »So stand es um mich, ehe ich Dich gefunden hatte; aber nun, da Du gekommen bist, soll alles anders werden und neu.«

Rilke legte André Gide einige Stellen seiner Übersetzung des *Verlorenen Sohns* vor, die ihn nicht befriedigten. Er schilderte dem französischen Kollegen die Schwierigkeiten, die er mit dem Wort palme habe, für das die deutsche Sprache keinen entsprechenden Ausdruck kenne. Man könnte Handfläche sagen, schlug Gide vor. Was? Das Innere der Hand, in dem das ganze Geheimnis der Persönlichkeit liegt, soll eine Fläche sein? entsetzte sich Rilke. Das warme, zärtliche, liebkosende Innere einer Hand, die sich öffnet um zu bitten, zu betteln, zu sammeln? Was für ein Eingeständnis für die Unzulänglichkeit unserer Sprache!

Rilke war unheilbar an Leukämie erkrankt. Um die triviale Ursache des bevorstehenden Todes literarisch zu überhöhen, behauptete er allen Ernstes, er habe sich an den Dornen einer Rose verletzt, die seine Geliebte ihm aus Ägypten mitgebracht habe. Er starb mit den Worten: Das Leben ist eine Herrlichkeit! Sein Grab liegt an der Südmauer des Pfarrkirchleins von Raron im Wallis. Die in die Mauer eingelassene Platte, auf Wunsch des Dichters aus Paris herbeigeschafft, ist beim Transport zerbrochen. Sie trägt die rätselhafte Inschrift: Rose, oh reiner Widerspruch / Lust niemandes Schlaf zu sein unter soviel Lidern.

* * *

RODA RODA

1872–1945

Sandor Friedrich Rosenfeld, besser bekannt unter seinem Schriftstellernamen Roda Roda (ohne Bindestrich, wohlgemerkt), war ursprünglich Offizier im k. u. k. Heer. Bei einem Manöver ärgerte ihn ein junger Leutnant, Adjutant seines hochgeborenen Vaters, der alle Befehle im hochmütig-näselnden Familientonfall überbrachte. Ich bitt Sie, Hauptmann Rosenfeld, der Papa sagt, Sie solln auf die Kote 741 vorrücken! – So, sagt das der Papa? fauchte Roda Roda. Und was sagt die Frau Mama?

Die nervösen Anfälle seiner Tante brachten Roda Roda in eine unangenehme Situation. Sie besuchte ihn, er lebte damals in Graz, in seiner Junggesellenbude, und bekam ihren nervösen Anfall. Roda Roda räumte ihr sofort sein Schlafkabinett ein, verdunkelte es und bat Tantchen, ein wenig zu ruhen. Er werde unterdessen arbeiten, seine Maschinschreiberin komme um Zehn. Um zehn Uhr kam die Maschinschreiberin, huschte auf leisen Sohlen in das verdunkelte Zimmer und drückte einen Kuss auf Tantchens Mund.

In fröhlicher Runde ging Roda Roda die Wette ein, es werde ihm gelingen, in *Kürschners Literaturkalender* an der Spitze aller Schriftsteller zu stehen. Und er gewann die Wette. In der Ausgabe auf das Jahr 1907 war an erster Stelle ein neues Pseudonym verzeichnet: Aaba Aaba siehe Roda Roda.

Im Ersten Weltkrieg betätigte sich Roda Roda als Frontberichterstatter. Bei der Durchgabe seiner Berichte arbeitete er trickreich wie kein anderer Reporter. Von einer entscheidenden Schlacht konnte er exklusiv berichten, weil er – um die Telegrafenleitung für sich zu reservieren – stundenlang den Text von Schillers *Glocke* an seine Wiener Redaktion kabelte. Auf diese Weise verfügte er dann, als der Ausgang des Gefechts feststand, als Einziger über eine freie Telegrafenleitung.

Die Zensurbehörde hatte ihm ein Stück verboten. Roda Roda begab sich zu dem zuständigen Hofrat und erklärte: Ich nehme das Verbot nicht hin. Ich werde seine Gründe bekämpfen, widerlegen und vernichten. – Wie wollen Sie das machen? sagte der Beamte. Sie kennen die Gründe ja gar nicht. – Aber die müssen doch im Zensurerlass stehen, argumentierte der Schriftsteller. Merken Sie sich eines, Herr Autor, belehrte ihn der Hofrat. Die

Wie war der werte Name? Roda Roda.
Zeichnung von Weisgerber

Gründe behalten wir für uns. In den Erlässen stehen immer nur unsere Ausreden.

Roda Roda besuchte eine politische Veranstaltung. So muss ich also bekennen, röhrte der Referent mit dickem Hals und rotem Kopf, wenn die Nationalsozialisten die nationale Größe Deutschlands wieder herstellen wollen, so stehe ich mit einem Fuß im Lager Hitlers! Zwischenruf von Roda Roda: Und mit den übrigen dreien?

Der aufstrebende Autor wurde einer Mäzenatin vorgestellt. Sie war sehr erfreut und sagte: Seit Jahren sehne ich mich danach, Sie kennenzulernen. So oft ich eines Ihrer wunderbaren Bücher lese, frage ich meine Freunde: Warum bringt Ihr den Mann nicht einmal zu mir? Einen so glänzenden Kopf! Wie ist übrigens der werte Name?

Roda Roda sollte eine Lesung in Berlin Spandau halten. Um acht, als es anfangen sollte, war noch kein Mensch im Saal. Na, ein paar Minuten kann man ja warten, sagte er. Endlich strömte Publikum herbei, gleich zwei Damen auf einmal. Die erste lispelte: Pardon, bin ich hier recht bei Auguste Rodin? Und die zweite rief: Nanu, een Herr? Ick dachte doch Roda Roda, dat sind so zwee Zusammjewachsene.

Der Mensch braucht eine Anrede. Die Nennung eines nackten Namens grenzt unter Österreichern bereits an Rüpelhaftigkeit. In Karlsbad heftete sich ein junger Mann an die Fersen des zur Kur weilenden Roda Roda und redete ihn immerfort mit dem in Künstlerkreisen höflichkeitshalber gern gebrauchten Titel Meister an. Endlich wurde es dem Verfolgten zu bunt: Herr, machen Sie mich nicht rasend mit Ihrer abgeschmackten Formel! Darauf der junge Mann: Wenn einer nicht Baron ist, nicht Leutnant und nicht Doktor – sagen Sie selbst, Meister, wie soll man einen solchen Trottel anreden?

Der Meister bestieg ein Eisenbahnabteil, in dem eine Dame mit ihrem ebenso damenhaften Töchterchen saß. Da sie gern allein geblieben wäre, sagte sie: Darf ich Sie darauf aufmerksam machen, dass mein Kind Scharlach hat. – Das macht nichts, erwiderte Roda Roda. Ich begehe sowieso im ersten Tunnel Selbstmord.

Ein Münchner Verlag fragte bei Roda Roda an, ob er wohl ein Buch österreichischer Anekdoten für ihn schreiben könne. Schreiben könnte ich das Buch schon, antwortete der Humorist, aber wollen tu ich nicht. Wenden Sie sich an meinen Kollegen Markus. Er kann es zwar nicht, wird es aber gern tun.

Mit einem Freund saß Roda Roda in einer Erstaufführung. Die gute Stimmung wich der Enttäuschung, die Enttäuschung wich der Langeweile. Nach dem zweiten Akt sagte Roda Roda: Kommen Sie, es wird Zeit, dass wir gehen. Wenn wir bis zum Schluss warten, kommen unsere Mäntel womöglich in die Konkursmasse.

Einen Sommer lang unterhielt Roda Roda eine leidenschaftliche Beziehung mit der Burgtheaterdiva Adele Sandrock. Man wollte heiraten, als Offizier benötigte der Bräutigam dazu allerdings die Einwilligung des Kaisers. Die

Romanze war längst in die Brüche gegangen, da wurde Roda Roda von Franz Joseph zur Audienz befohlen. Streng nach Vorschrift gekleidet, der Kragen des Waffenrocks nicht höher als vier Zentimeter, achtzackige, scharfe Sporen an den Stiefeln, betritt er den Empfangsraum. Sechs Schritt von der Schwelle entfernt steht der alte Kaiser in Marschalluniform, stellt ein paar Fragen, kommt zum Kern der Angelegenheit, nickt gütig und entlässt den Bittsteller. Roda tritt zackig nach rückwärts – zu zackig. Der Lakai hinter dem Guckloch hat die Tür noch nicht ganz geöffnet, sodass Rodas Sporen sich in das Holz bohren. Der Lakai muss helfen sie herauszuziehen …

Wenn ich noch einmal auf die Welt komme, konstatierte Roda Roda, suche ich mir einen Beruf aus, bei dem ich in Berlin arbeiten, in Paris leben und in Wien essen kann. Und den Unterschied zwischen Österreich und Italien definierte er wie folgt: Über Italien lacht der blaue Himmel. Und über Österreich lacht die ganze Welt.

* * *

CARL RÖSSLER

1864–1948

Zu dem Lustspielautor Carl Rössler kam ein Herr und sagte: Sie schreiben Lustspiele? Da hätt i für Ihna a Idee. Erschter Akt: A Stammtisch mit Herren. A Preuß, a Bayer, a Weana. Ein Witz, eine Laune, eine Komik nach der anderen. Zweiter Akt: A Kaffeegsellschaft. Die Frauen von denen Herrn. Ein Witz, ein Humor, eine Komik nach der anderen. Lacher folgt auf Lacher. – Und der dritte Akt? fragte Rössler. Darauf der ideenreiche Herr: Alles ich, Herr Rössler? Etwas könnten S' doch aa selber dazudichten.

Gemeinsam mit seinem Co-Autor Roda Roda schrieb Rössler den Militärschwank *Der Feldherrnhügel*, der oft und oft aufgeführt wurde. Plötzlich wurde er verboten. Zugegeben, die Armee kommt darin nicht allzu gut weg. Ortskundige rieten dem Autorengespann, sich zu beschweren. Sie marschierten auf die Statthalterei, ein Regierungsrat empfing sie mit rotem Kopf. Beschwerde? Schön. Aber das sag ich Ihnen: Ihr Stück wird nicht aufgeführt, so lang die Monarchie steht. – Gut, sagte Rössler, dann warten wir halt noch die paar Wochen.

Mit einem dicken Manuskript unterm Arm erscheint Rössler bei Direktor Jarno im Theater in der Josefstadt. Ich hab ein Stück für Sie, es wird Ihnen gefallen. Jarno entgegnet reflexartig, dass er sich nicht dafür interessiere. Nicht? Schade. Und was soll ich jetzt damit machen?- Reichen Sie 's meinetwegen dem Burgtheater ein. Fünf Tage später kreuzt Rössler abermals auf: Ich möcht mich bei Ihnen bedanken. – Wofür wollen Sie sich bedanken. Ihr Stück ist abgelehnt! – Für den guten Rat, den Sie mir gegeben haben. – Welchen Rat? – Ich hab das Stück beim Burgtheater eingereicht. – Und? – Es ist angenommen worden!

Lieber Rössler, sagte ein Dramaturg, Sie sollen ja ein Drama vollendet haben. Was für einen Stoff behandelt es denn? – Unverstandene Frau. Mit tödlichem Ausgang.

Rössler spielte leidenschaftlich gern Karten und geriet dadurch immer wieder in Geldverlegenheit. Eines Nachts im November wurde Roda Roda durch einen Boy aus dem Schlaf gerissen. Er brachte einen Brief, darin schrieb Rössler: Lieber Roda, schick mir dringend 500 Schilling. Zu Neujahr kriegst du sie wieder. Zu Neujahr war kein Rössler zu sehen. Der März stieg auf, der Juni zog ins Land, der September sank hernieder. Nichts. Im November, wieder spätnachts, kam ein Boy mit einem Brief von Rössler: Lieber Roda, hier hast du deine 500 Schilling. Ich weiß, ich hätte sie zu Neujahr zurückzahlen sollen, aber ich wollte keinen Präzedenzfall schaffen.

* * *

PETER ROSEGGER

1843–1918

Rosegger war auf den Namen Petri Kettenfeier getauft, das war der Kalenderheilige des folgenden Tages. Der Sitte zufolge durfte man ein Kind nicht zurücktaufen, das heißt, ihm den Namen eines vor seiner Geburt liegenden Heiligen geben, um zu vermeiden, dass sein Leben den Krebsengang ginge. Körperliche Schwäche hat ihm das von den Eltern vorgegebene Berufsziel verwehrt. Da er der harten Waldbauernarbeit nicht gewachsen war, sollte er ins Grazer Priesterseminar. Doch der Fürstbischof Attems weilte, als man bei ihm vorsprach, gerade bei der Weinlese in der Untersteiermark. So musste der Bub in die Schneiderlehre.

Zuschneiden hab ich ja nie richtig können, bekannte der Waldbauernbub, als ihn die steirischen Kleidermacher zu ihrem Ehrenmitglied wählten, dafür aber um so besser aufschneiden. Das zum Volkslied gewordene Gedicht *Därf i's Diandl liabn?* kritzelte er in sein Notizbuch, als er mit seinem Meister Naz Orthofer auf Stör war. Der Meister verlangte das Geschreibsel zu lesen. Na, na, das is nix, brummte er nach der Lektüre. Das is unmoralisch. Wenn das dem Pfarrer in die Händ fallt, haben wir die größten Scherereien. Gleich gehst und verbrennst es. Aber vorher, Peterl, gelt, vorher lasst michs abschreiben!

Rosegger war ein geselliger Mensch, der in seinem Haus in Krieglach, wenn er nicht gerade an einem Manuskript arbeitete, gern Gäste um sich sah. Einem Mürztaler Hammerherrn, der sich über seltene Gegenbesuche beklagte, erklärte er: Während Sie Besuche machen, arbeitet Ihr Werk ununterbrochen fort. Wenn aber ich Besuche mache, steht mein Werkl still.

Karl Morre, der Verfasser des populären Volksstücks *'s Nullerl*, weilte bei Rosegger zu Besuch. Es war Kirschenzeit, jeder bestieg einen Baum und ließ sich die saftigen Früchte schmecken. Da kam ein Tourist des Weges. Er entdeckte Rosegger in den Zweigen und fragte einen Einheimischen, wer denn dort oben sitze. Dös is der Dichter der Waldheimat, bekam er zur Antwort. Und dort oben sitzt ja noch einer, deutete er mit dem Wanderstock auf den anderen Baumwipfel. Ja, das ist der Dichter vom *Nullerl*, sagte der Einheimische. Dem Fremden blieb der Mund offen: Ja wachsen denn bei euch die Dichter auf die Bäum?

Roseggers Popularität brachte es mit sich, dass man mit allen möglichen Anliegen an ihn herantrat. Einmal schrieb ein Verleger, er wolle ein Kochbuch herausbringen und diesem eine Prämienbeigabe anfügen, um den Kaufanreiz zu erhöhen. Sie solle zugleich praktisch und sinnig sein. Was Rosegger rate? Meiner Meinung nach, antwortete Rosegger, wäre wohl die praktischste und sinnigste Beigabe für ein Kochbuch eine tüchtige Köchin.

Immer wieder wurde er von Dichterlingen belästigt, die in seiner Zeitschrift *Heimgarten* zu Wort kommen wollten. Einer, der seine Musenkinder zum Abdruck anbot, erkundigte sich, ob dafür etwas bezahlt werde. Natürlich zahlen wir dafür, antwortete Rosegger. Jedes derartige Gedicht kostet uns mindestens ein halbes Dutzend Abonnenten.

Rosegger schrieb alle seine Werke eigenhändig mit Tinte und Federkiel. Er litt an Tremor. Beim Schreiben musste er die rechte Hand mit der linken halten, weil sie stark zitterte. Einmal sprach ein Vertreter bei ihm vor, der ihn zum Kauf einer Schreibmaschine überreden wollte. Nein nein, wehrte der Waldschulmeister ab, Poeten sollten nicht zu viel herumtasten. Und dann, was würden die Autographensammlerinnen sagen, wenn die Dichter sich nicht mehr in ihren Stammbüchern verewigen wollten?

In einem von Rosegger am Grazer Stadttheater eingereichten Volksschauspiel *Am Tage des Gerichts* hatte der Zensor die Stelle »Gott weiß es« gestrichen. Rosegger versuchte zu verhandeln. Na, so schreiben S' halt »der Himmel weiß es«, riet der Beamte. Aber, Euer Gnaden, das geht net. Der Himmel is ja keine Person. – So nennen Sie halt statt Gott eine andere Person. Eine irdische, versteht sich. – Darf ich schreiben »der Herr Polizeirat weiß es«? – Meinetwegen. Auf der Bühne lautete die verbesserte Stelle: Wenn es wahr ist, dass die Kanaille mir untreu war, dann – der Herr Polizeirat weiß es – ersteche ich sie wie ein Kalb.

Als das Kabarett *Die elf Scharfrichter* auf Gastspiel nach Graz kam, wandte sich das Ensemblemitglied Arcus Troll an den Kollegen Roda Roda: Hier jibt es doch den ausjezeichneten Loden. Kannst du mir nich einen juten Schneider empfehlen? Roda Roda, vom Teufel geritten: Es lebt ein berühmter Schneider hier von europäischen Ruf. Herrengasse Numero 10, zwei Treppen links. Das war die Wohnung Peter Roseggers, und Rosegger ist bekanntlich in seiner Jugend Schneider gewesen. Während Arcus Troll den vermeintlichen Nadelkünstler aufsuchte, um sich einen Anzug anmessen zu lassen, wurde Roda Roda von schlechtem Gewissen geplagt. Er zog sich im Gasthof ins Bett zurück und gab Order, er sei krank, wolle niemanden sehen und mit niemandem sprechen. Am nächsten Morgen klopfte es an seiner Tür und hereintrat ein eisgraues Männchen mit blitzender Brille – Rosegger. Sie sind krank, höre ich, sagte er. Roda Roda, zähneklappernd: Jawohl, krank. Katarrh. Da wurde das Männchen lebhaft: Sie sollten sich nicht ins Bett mummeln, glauben Sie mir. Kaltes Wasser, Eiskompressen! Wo ist die Klingel? Stubenmädchen! Ach, Fräulein, bringen Sie rasch ein Becken kaltes Wasser und aus der Küche Eis! Handtücher! Nein, nein, wehren Sie sich nicht. Eine Eiskompresse über die Brust! Glauben Sie mir, Herr Roda, es ist gesund. Ich tu es gern. Man muss den Menschen beistehen wo man kann. Besonders Leuten, die hilflos krank sind in der Fremde …

Der greise Waldbauernbub begegnete in der Herrengasse zufällig seinem Hausarzt. Sogleich fing er an, über eine lange Reihe von Beschwerden zu lamentieren: Kopfweh, Rheuma, Muskelzittern, Magenbeschwerden und so weiter und so fort. Aber Sie sehen doch recht gesund aus, tröstete der Arzt. Worauf er die klassische Patientenantwort erhielt: Ja schon, im Gsicht fehlt mir ja nichts!

Rosegger war krank. Tagelang lag er teilnahmslos im Bett. Schließlich fing er zu murren an: Er liege schlecht, die Medizin schmecke widerlich, alles werde schlechter statt besser. Gott sei Dank, sagte der Arzt, wir sind über den Berg. Er schimpft schon.

Von früh bis spät in die Nacht hinein arbeitete der Siebzigjährige an der Redaktion der vierzig Bände für die Gesamtausgabe des Staackmann Verlags. Na, Herr Rosegger, wie geht 's denn? fragte ein Nachbar. Man sieht Sie ja kaum mehr. – Ja, denken Sie, wie schrecklich, war die Antwort. Ich muss jetzt auf meine alten Tag noch alle meine Werke lesen.

Zu einem Vortragsabend in Wien nahm Rosegger sein greises Mütterlein mit. Beim anschließenden Beisammensein fragte einer aus der literarischen Runde die Waldbäuerin, ob sie nicht recht stolz sei auf ihren Sohn, der so erfolgreich sei. Ja schon, sagte sie. Lieber wär mirs halt gwesen, wenn der Peterl ein Advokat worden wär oder was anderes Gscheits. – Dann wäre uns aber ein großer Dichter verloren gegangen, warf der Frager ein. – Jaja, sagte die alte Frau. Angst hab i halt nur, dass ihm amal nix mehr einfallt.

Das Grab im Friedhof zu Krieglach ist durch ein schlichtes Lärchenholzkreuz gekennzeichnet. Eine Kupfertafel hält Roseggers letzten Wunsch fest: Ich will nur ein einfaches Grab wie jeder Alpler Bauer. Ein Holzkreuz mit dem Namen darauf. Wenn man nach fünfzig Jahren noch weiß, wer das ist, dann genügt dies; wenn nicht, dann gönnt ihm seinen Frieden.

JOSEPH ROTH

1894–1939

Bisweilen wird die poetische Erfindung vom Leben eingeholt. In dem Kolportageroman *Das Spinnennetz* beschrieb Roth das politische Klima, das einen Putsch Rechtsradikaler begünstigt. Der Vorabdruck des Buches in der *Arbeiter Zeitung* endete am 6. November 1923. Zwei Tage später putschten in München Hitler und Ludendorff.

Roth vegetierte zeitlebens am Rand des Existenzminimums. In Ostende traf er Stefan Zweig, Er hatte wieder einmal kein Geld und war froh, dass er den betuchten Kollegen überreden konnte, ihm eine Hose zu spendieren. Abends saß er mit Freunden beim unvermeidlichen Genever. Die Stimmung war fortgeschritten, und plötzlich kippte Roth ein ganzes Glas des kostbaren Safts genüsslich über sein Jackett. Hören Sie auf, Roth! Sie machen ja die Jacke kaputt! rief einer der Zecher. Lassen Sie mich, beharrte Roth. Ich bestrafe Stefan Zweig. Er hat mir zwar eine Hose gekauft, aber keine Jacke dazu!

Ich bin ein Hotelbürger, ein Hotelpatriot, befand Joseph Roth. Wie manch andere Literaten wohnte er fast zeitlebens in Hotels. Dem Rezeptionisten des Hotel *Eden* in Amsterdam überließ er es, Widmungen in seine Bücher zu schreiben. Was dieser zur Perfektion brachte: Er nutzte die gefälschte Unterschrift, um Roths (spärliches) Bankkonto zu plündern.

In Paris frequentierte Roth häufig das Cafe *Tournon*. Er konnte dort arbeiten, auch wenn an seinem Tisch lautstark diskutiert wurde. Auf diese Weise entstand seine letzte Novelle Die *Legende vom heiligen Trinker*. An

Das Trinken konserviert mich. Joseph Roth.
Skizze von Wild

den Kollegen Stefan Zweig schrieb er: Das Trinken konserviert mich viel eher, als es mich ruiniert. Ich will damit nur sagen, dass der Alkohol zwar das Leben verkürzt, aber den unmittelbaren Tod verhindert.

Hin und wieder wurde Roth von Damen eingeladen, die sich nicht nur für seine Bücher interessierten. Dites moi, Monsieur Roth, bat eine Baronin Schlumberger in der Konditorei *Rumpelmayer*, wie macht man eigentlich den berühmten Wiener Apfelstrudel? – Dazu, Madame, antwortete der Mehlspeis-Experte, brauchen Sie in erster Linie tausend Jahre Katholizismus und sechshundert Jahre Habsburg.

Roth war überzeugter Monarchist. Er entwickelte die Idee, den mit Einreiseverbot belegten Kaisersohn Otto von Habsburg in einem mit Luftlöchern versehenen Sarg aus dem Pariser Exil nach Österreich zu schmuggeln, damit er die Regierung übernehmen könne. Otto von Habsburg war und blieb für den Juden aus Ostgalizien der »Kaiser mit der unsichtbaren Krone auf dem Haupt«. Ihm war er in unbedingter Treue ergeben. Da sein Patient in geradezu selbstmörderischer Weise Unmengen an Absinth in sich hineinschüttete, verfiel Roths Arzt auf die Idee, sich an den Kaiserspross um Hilfe zu wenden: Sie sind der einzige, auf den er hört. Unternehmen Sie etwas damit Roth aufhört zu trinken, sonst wird er sin wenigen Wochen tot sein! Otto ließ den Dichter kommen: Sie wissen, dass ich hier in Vertretung der Monarchie spreche. Ich befehle Ihnen, mit dem Trinken aufzuhören! Roth hat von diesem Tag an keinen Tropfen mehr angerührt. Leider war es bereits zu spät. Er starb vierundvierzigjährig in einem Pariser Armenspital an Delirium Tremens. Als er aus dem Krankenzimmer ausbrechen wollte, schnallte man ihn mit Riemen am Bett fest.

* * *

Fragen Sie nur nach Herrn Hitler. George Saiko,
gezeichnet von Oliver Schopf

LEOPOLD VON SACHER-MASOCH

1836–1895

Sacher-Masoch war ein Sohn des Polizeidirektors von Lemberg. Kaum zehnjährig ertappte er seine Tante beim Ehebruch. Als sie den kleinen Spanner entdeckte, packte sie ihn, riss ihn an den Haaren und peitschte ihn aus. Was sie, wieder beobachtet von dem Buben, daraufhin an ihrem Mann wiederholte.

In seinem berühmt-berüchtigten Bestseller *Venus im Pelz* beschrieb Sacher-Masoch die Lust der erotischen Unterwerfung. Der zweiten Namenshälfte folgend, wird krankhaftes Schuldbedürfnis, das in Demütigungen und Qualen sexuelle Befriedigung findet, in der Psychiatrie Masochismus genannt. Die Erzählung spielt übrigens in Baden bei Wien.

Es gibt keine Grabstätte von Sacher-Masoch. Seine Urne wurde zunächst von seiner Witwe, später von einem Nachbarn auf dem Dachboden seines Hauses in Lindheim verwahrt, das schließlich niederbrannte.

Eine Urgroßnichte des Erzählers ist die britische Popsängerin Marianne Faithfull. Einen der Zinnteller, die der Familie seinerzeit anlässlich der Erhebung in den Ritterstand überreicht worden war, verschenkte sie an den Rolling Stone Mick Jagger.

GEORGE SAIKO

1892–1962

Der Romancier George Saiko, unter den vielen verkannten österreichischen Autoren vielleicht der verkannteste, kam als Sohn eines Gendarmen im böhmischen Seestadtl zur Welt. Der Ort ist von der Landkarte verschwunden, nach dem zweiten Weltkrieg musste er dem Braunkohle-Tagebau weichen.

Saiko studierte an der Wiener Uni Philosophie, Archäologie und Kunstgeschichte. Nach dem Ersten Weltkrieg wollte er seine Studien in Paris fortsetzen. Bevor er den Zug bestieg, bat ihn ein Bekannter, ein Paket mitzunehmen und im Bürgerbräukeller in München abzugeben. Für diese Gefälligkeit versprach er kostenlose Übernachtung im Gasthof. Als Saiko das Paket in München übergab, lud der Empfänger ihn zum Abendessen ein. Dazu gesellte sich auch ein Herr mit kleinem Schnauzbart, der ihm zutrank. Am nächsten Morgen traf er ihn beim Frühstück und unterhielt sich mit ihm. Der Mann sah Saikos zwei Koffer, schnappte sich einen und begleitete den Reisenden aus Wien zum Bahnhof: Wenn Sie wiederr einmal in München sind, verrgessen Sie nicht vorrbeizuschauen, schnarrte der Unbekannte. Frragen Sie nur nach dem Herrrn Hitler.

Als Hermann Broch nach Amerika emigrierte, hinterließ er Saiko nicht nur seine Bibliothek mit religionsgeschichlichen Werken, sondern auch seine Underwood-Schreibmaschine. So kommt es, dass die Manuskripte der großen zeitgeschichtlichen Romane *Die Schlafwandler* und *Auf dem Floß* auf derselben Schreibmaschine getippt worden sind.

George Saiko gehörte der Widerstandsbewegung O5 an. Er hätte nach dem Einmarsch der Nazis nach Amerika entkommen können, das nötige Affidavit, eine amtlich beglaubigte Bürgschaft, besaß er. Doch er nahm seine Gefährdung zugunsten der Rettung eines sonst sicheren Opfers der Nazis hin und sorgte dafür, dass seine amerikanische Bürgschaft auf einen Juden übertragen wurde.

Im Krieg rettete Saiko die weltberühmte Graphiksammlung der Albertina vor dem Untergang. Um sie vor Bomben zu bewahren, brachte er die unersetzlichen Bestände, etwa den Dürer-Hasen, in jenem Tresor unter, den die Nazis leergeräumt hatten: im einstigen Goldtresor der Nationalbank. Immer wieder erschienen Nazibonzen, die aus Repräsentationsgründen Leihgaben für ihre Villen und Büros forderten. Saiko, was blieb ihm übrig, sagte zu. Geliefert wurden Reproduktionen, so meisterhaft gefälscht, dass sie als Originale, auf Nimmerwiedersehen, die Reise in diverse Salons antraten.

Zwei Jahre vor seinem Tod erhielt Saiko von einem namhaften deutschen Verlag seine Erzählungen mit dem Bemerken zurück, von neuen, unbekannten Autoren könne man leider nichts annehmen. An den österreichischen Staatspreis, den man ihm so lange vorenthielt, bis es eine Ehre für viele seiner Vorgänger war, dass er ihn annahm, wollte Saiko bis zuletzt nicht glauben. Wer weiß, sagte er wenige Tage vor der Verleihung, vielleicht wollen sie mich nur pflanzen. Da freut sich der alte Depp, und dann ist's erst nix damit. Zehn Tage später war er tot.

* * *

FELIX SALTEN

1869–1945

Die Burgtheater-Heroine Adele Sandrock war nicht nur eine attraktive, sondern auch eine mutige Schauspielerin, die sich für junge, unbekannte Autoren einsetzte. Infolgedessen wurde sie nicht nur von Bewunderern umlagert, sondern auch von hoffnungsvollen Literaten geradezu verfolgt. Eines Abends, als sie mit Freunden im *Griensteidl*, dem Cafe Größenwahn saß, schlich der damals noch völlig unbekannte Felix Salten von hinten an ihren Tisch, steckte ihr mit einem Rosenstrauch ein Manuskript zu – und stieß dabei die Kaffeeschale um. Die Sandrock fuhr herum wie von einer Viper gebissen: Aha, ein Dramatiker!

Für die Tiergeschichte *Bambi* wurde Felix Salten mit dem Eichelberger Award ausgezeichnet. Die gleiche Trophäe hatte zuvor Adolf Hitler erhalten. Leider hatte er es unterlassen, sich die Urheberrechte zu sichern. Von der weltweit erfolgreichen Disney-Produktion sah er nicht einen Schilling.

* * *

Ganz Rotts Stirn, ganz Rotznase. Moritz Gottlieb Saphir.
Federzeichnung von Friedrich Kaiser

MORITZ GOTTLIEB SAPHIR

1789–1858

D er Theaterkritiker und Feuilletonist Moritz Gottlieb Saphir galt als einer der witzigsten wenn auch umstrittensten Köpfe seiner Zeit. Heutige Fernsehautoren könnten von seinen Apercus jahrelang leben. Einige Beispiele: Mit einem Kollegen spazierte er am Josefstädter Theater vorbei, das nach einer Kette von Misserfolgen vor dem Ruin stand.

Aufmerksam betrachtete er die neumodische Erfindung aus Amerika, den Blitzableiter, der auf dem Dachfirst montiert war. Ich find es ganz und gar überflüssig, sagte er, dass an dem Haus ein Blitzableiter angebracht ist. Der Begleiter wunderte sich: Überflüssig? Weshalb? – Weil hier ohnehin nie etwas einschlägt.

Giacomo Meyerbeer wollte von Saphir wissen, welche seiner vielen Opern ihm am besten gefalle. *Die Hugenotten*, erklärte Saphir ohne zu zögern. Da schlagen die Christen sich gegenseitig tot, und ein Jud macht Musik dazu.

Über seinen Berufsstand witzelte er: Rezensenten sind wie Kakadus. Sie ziehen die Klauen ein, wenn sie gefüttert werden, und drücken ein Auge zu, wenn sie zu trinken bekommen.

Saphir hatte sich den Ärmel aufgerissen, die weisse Wattierung quoll heraus. Da schaut die Weissheit heraus, witzelte ein Spötter. Und die Dummheit hinein, entgegnete Saphir.

Ein Geistlicher drohte Saphir, der ihm wieder einmal Anlass zu Ärger geliefert hatte: Wegen solcher Ketzer wie Sie wird Gott eine zweite Sintflut über uns bringen. – Er wird sie nicht bringen, antwortete Saphir. Warum sind Sie so sicher? – Weil die erste nicht geholfen hat.

Saphir wird auf der Straße angepöbelt. Er redet den Anführer der Flegel freundlich an: Entschuldigen Sie, eine Frage. Sind Sie nicht der Sohn meines lieben Freundes Rott? – Nicht dass ich wüsste. – Aber das ist ja ganz erstaunlich! Diese Ähnlichkeit! Ganz Rotts Stirn, ganz Rotts Augen, ganz Rotznase!

Getreu seinem Motto »Geld ist ein Stiefelabsatz für kleine Leute, damit man glaubt, sie wären ebenso groß wie andere« spielte Saphir den eleganten Lebemann und kam infolgedessen aus Geldverlegenheiten nie heraus. Wieder einmal ging er den Eisenbahnbaron Salomon Rothschild um ein Darlehen an. Rothschild wollte es sich mit dem gefürchteten Spötter nicht verderben und lud ihn ein, am nächsten Tag bei ihm dreihundert Gulden zu beheben. Pünktlich war Saphir zur Stelle. Ah, Sie kommen um Ihr Geld, begrüßte ihn Rothschild. Nein, erwiderte der witzige Schnorrer. Sie kommen um Ihr Geld.

Nochmals Rothschild. Saphir ist ins Palais in der Prinz Eugen-Straße zum Souper geladen. Nachdem der Rehrücken und das Halbgefrorene verspeist sind, bittet man ihn, sich im Gästebuch zu verewigen. Saphir schreibt: Leihen Sie mir hundert Gulden und vergessen Sie auf ewig Ihren Ihnen sehr gewogenen Moritz Saphir.

Saphir war ein kleines, verwachsenes Männlein, dessen kahler Schädel von einem Schopf brennroter Haare gekrönt war. Der Maler Moritz von Schwind prahlte: Sein Porträt kann ich in den Schnee pissen. Die Kollegen verachteten ihn, weil er als Gesinnungsakrobat sein Talent in den Dienst des Metternichschen Polizeiregimes stellte. Als der Lithograph Löschenkohl ein Bild Saphirs neben das des gleichfalls käuflichen Adolf Bäuerle in die Auslage hängte, notierte Franz Grillparzer eines seiner bissigsten Epigramme:

Die Ähnlichkeit ist unbestritten,
es fehlt nur Christus in der Mitten!

Saphir geriet in einen Wortwechsel mit einem Literaten, der den Erfolgverwöhnten um seinen Ruf beneidete. Sie schreiben ja nur um Geld, ich tu es um die Ehre. – Ganz richtig, erhielt er zur Antwort. Jeder schreibt für das was ihm fehlt. Wenn bei Saphir eine Party stattfand, prangte über der Garderobe folgende Inschrift: Hier werden Mäntel, Regenschirme, Vorurteile und Rangunterschiede abgelegt.

Um eine prägnante Grabschrift angegangen, schlug Saphir vor, man solle auf den Stein die Worte setzen: Hier ruhen meine Gebeine / ich wollt es wären deine!

JOHANNES MARIO SIMMEL

1924–2009

Johannes Mario Simmel war gelernter Chemieingenieur. Die Weltkriegsjahre überstand er dienstverpflichtet in der Forschungsabteilung der Elektrofirma Kapsch und war nach dem Krieg Dolmetscher für die US-Militärregierung. Mit einer Gesamtauflage von über achtzig Millionen Exemplaren galt er lange Zeit als der weltweit erfolgreichste österreichische Autor (inzwischen hat Thomas Brezina ihm den Rang abgelaufen). Sein Agent erzählte: Also heut Nacht hab ich was Schreckliches erlebt. Ich hab geträumt, dass Sie einen neuen Roman geschrieben haben. Und ein amerikanischer

Produzent hat dafür 500.000 Dollar geboten. – Was ist daran schrecklich? Das wäre doch fabelhaft. – Ja schon, erwiderte der Agent. Aber ich bin leider aufgewacht, bevor ich meine Provision kassieren konnte.

Bei einer Prominentenparty kam der Auflagenkaiser mit der Gattin eines Industriellen ins Gespräch. Mein Lieber, rief die Dame, ich hab Ihr neues Buch in der Auslage gesehen. Wie ist der Titel? Es ist ohne Zweifel genial. Aber warum so dick? Fünfhundert Seiten, wer soll das lesen? – Sie müssen es nicht lesen, Verehrteste. Sie sollen es kaufen, lächelte Simmel höflich. Die Dame, errötend: Ich kaufe niemals ein Buch, das ich nicht lese. – Schade, seufzte Simmel, nachdem seine Gesprächspartnerin davongerauscht war. Sie weiß nicht, dass Leute mit viel Geld keine Lektüre, sondern eine Bibliothek brauchen.

Mit Helmut Qualtinger war Simmel brüderlich verschworen in gemeinsamer Anarchie und Hass gegen »die verfluchte Nazipest«. Illuminiert umkreisten die beiden nächtens die Pestsäule auf dem Wiener Graben. Qualtinger: Traust dich eh net raufklettern! Simmel: Klar trau ich mich! Der Schriftsteller erklomm das barocke Monument und saß alsbald fest. Worauf der Mime Hilfe! Polizei! Kulturschande! schrie und feixend die einsetzende Amtshandlung samt Festnahme hinter einer Straßenecke beobachtete.

Während einer Entziehungskur in Kalksburg stieß Simmel auf eine komplette Bibliothek von Nazischriften, die man nach dem Krieg vor den Russen versteckt hatte. Seine Entzugsgenossen bauten eine Rutsche, ließen die Bücher vom zweiten Stock in den Hof rutschen und übergossen sie mit Benzin. Als ein dürrer Baum in Brand geriet, riefen sie die Feuerwehr. Die löschte den Brand, dann setzten sich die Florianis zu den Entzüglingen und tranken gemeinsam ein paar Kisten Bier.

* * *

BERTHA VON SUTTNER

1843–1914

Obwohl sie als geborene Gräfin Kinsky einem der angesehensten böhmischen Adelsgeschlecht entstammte, fand Bertha von Suttner lange keinen Mann. Nach drei geplatzten Verlobungen, unter anderen mit einem Bruder des Dichters Heinrich Heine, wurde sie in einer heimlichen Heirat die Frau ihres sieben Jahre jüngeren Zöglings Arthur von Suttner. Den Nachstellungen der Familie entzog sich das Paar durch Flucht in den Kaukasus.

Ihr auf eigene Kosten gedruckter pazifistischer Roman *Die Waffen nieder!* versetzte die Zeitgenossen in Erregung. Felix Dahn tadelte sie mit den Versen: Die Waffen hoch! Das Schwert ist Mannes eigen, / wo Männer fechten, hat das Weib zu schweigen! Die Angegriffene replizierte: Keinem vernünftigen Menschen würde es einfallen, Tintenflecken mit Tinte wegputzen zu wollen. Nur Blut soll immer wieder mit Blut ausgewaschen werden!

Von einem Offizier wurde sie angepöbelt: Madame, Ihrer Initiative können wir Militärs einmal unseren Abgang für immer verdanken. Bertha von Suttner sah ihn verständnislos an: Und was, Herr Major, hätte die Welt dadurch verloren?

1905 wurde ihr der Nobelpreis zuerkannt. Als das Preiskomitee ihr mitteilte, dass ihr als erster Frau diese Würde zuteil geworden war, befand sie sich auf einer Vortragsreise. Sie wollte das Telegramm nicht annehmen, weil es unterfrankiert war. Die Ikone der Friedensbewegung starb während der Vorbereitungen zu einem Friedenskongress drei Tage vor Ausbruch des Ersten Weltkriegs. Die Urne mit ihrer Asche befindet sich im Columbarium der nationalen Gedenkstätte in Gotha. Eine Feuerbestattung war damals in Österreich verboten.

* * *

EMANUEL SCHIKANEDER

1751–1812

Als der Theaterprinzipal Emanuel Schikaneder in Salzburg das Trauerspiel *Agnes Bernauer* mit seiner Truppe aufführte, kam es zu einem Tumult. Der Darsteller des Herzogs, der in dem Stück die Bernauerin kaltherzig zu ertränken hat, wurde nach der Vorstellung verprügelt und mit Steinen beworfen. Schikaneder grübelte nach, wie dem Volkszorn zu begegnen sei. Schließlich nahm er eine kleine dramaturgische Änderung vor und ließ sie in den Gassen ausklingeln: Ab heute wird statt der schönen Bernauerin der Herzog von der Brücke geworfen! Nun drängte halb Salzburg zur Kasse, und der Wassersturz erntete lebhaften Beifall.

Schikaneder schrieb bekanntlich das Libretto zur Mozart-Oper *Die Zauberflöte* und sang in der Uraufführung den Vogelfänger Papageno. In dieser Rolle ist er über dem Seitentor des Theaters an der Wien als Steinfigur verewigt. Franziska Günschl, dortselbst Kassierin und Mädchen für alles, gebar ihm einen außerehelichen Sohn. Der bekam die Vornamen Franz Seraph. Im sechsten Kapitel des Propheten Jesaja sind die Seraphim als Vogelmenschen mit einem gewachsenen Federkleid geschildert, aus dem nur Kopf, Hände und Füße herauswachsen.

* * *

ARTHUR SCHNITZLER

1862–1931

S ordiniert täglich von 14 bis 17 Uhr – so charakterisierte ein Witzwort im Ballkalender der Journalistenvereinigung *Concordia* den Nervenarzt und Schriftsteller Arthur Schnitzler. Der Meister des Dialogs, der mit dem süßen Mädel eine Bühnenfigur von zeitloser Gültigkeit geschaffen hat, war auch im Privatleben ein geistreich-eleganter Plauderer. Schlank, blond, mit gepflegtem Vollbart und immer ein wenig schwermütig wirkend, wurde er eine bekannte Gestalt der Wiener Gesellschaft. Nach ersten Bühnenerfolgen konnte er seine ärztliche Praxis aufgeben und von seinen Einnahmen als Schriftsteller leben.

Schnitzlers Erstling, das Manuskript des *Anatol*, hat der S. Fischer Verlag abgelehnt mit der Begründung: Das Buch wird nur von Liebhabern gekauft werden und die Kosten ganz gewiss nicht decken. Das Buch erschien daraufhin im Verlag des Bibliographischen Büros in Berlin. Zwei Jahre später kam es dann doch noch zu S. Fischer. Und zwar aus der Konkursmasse des Bibliographischen Instituts.

Die Komödie *Komtesse Mizzi* beruht auf einem Skandal der Jahrhundertwende. Mizzi Veith war ein Liebling der Wiener Gesellschaft. Ihre Schönheit, ihr Charme und ihre Freizügigkeit faszinierten die Männerwelt. Eines Tages wurde ihre Leiche aus dem Donaukanal gefischt. Ihr Vater hatte das Mädchen seit seinem fünfzehnten Lebensjahr an zahlungskräftige Freier verschachert. Das Tagebuch der Selbstmörderin, das der Polizei in die Hände fiel, enthielt die Namen ihrer prominenten Kunden. Scheidungen waren die Folge, Karrieren gingen über Nacht zu Ende, Ehemänner wurden treu.

Bei einem Besuch des Vatikans hatte der Wiener Jude Doktor Siegmund Feilbogen während der Papstmesse die Hostie ausgespuckt. Es folgte eine wochenlange mediale antisemitische Hetze. Feilbogen verlor die Lehrberechtigung an der Exportakademie und musste das Land verlassen. Der Fall stand Pate für Schnitzlers Theaterstück *Professor Bernhardi*.

Der umschwärmte Erkunder der Frauenseele war ein äußerst aktiver Liebhaber. In seinen Tagebüchern hielt er nicht nur die Namen seiner Bettgespielinnen fest, sondern auch wie oft er sie beglückt hatte: bis zu fünf-

Ohne mich hätte ich mich gelangweilt. Arthur Schnitzler.
Karikatur von Benedikt Fred Dolbin

mal pro Nacht. »Wenn ich eine Reihe von Tagen keusch war, sechs bis neun sind so das Maximum, so bin ich einfach ein Thier.«

Schnitzler war Präsident des PEN-Clubs. Nach einer abendlichen Veranstaltung erkundigte sich ein Bekannter, der ihm auf dem Heimweg begegnete, wie es dort gewesen war. Schnitzler selbstbewusst: Wenn i c h nicht dort gewesen wäre, hätte ich mich gelangweilt.

Nach Schnitzlers Beerdigung im Oktober 1931 berichtete die humoristische Zeitschrift *Götz von Berlichingen*: Die Präsidialkanzlei des Unterrichtsministeriums sendet uns folgende Berichtigung zu: Es ist unwahr, dass der Herr Unterrichtsminister dem Leichenbegängnis des Dichters Arthur Schnitzler ferngeblieben ist, weil dieser Jude gewesen. Wahr ist vielmehr, dass der Herr Minister stets mit Vergnügen an jüdischen Begräbnissen teilgenommen hat. Unterschrift unleserlich.

Das linke Aug gilt! Karl Schönherr.
Zeichnung von Emil Stumpp

KARL SCHÖNHERR

1867–1943

Karl Schönherr schrieb naturalistische Theaterstücke, die meist im bäuerlichen Milieu seiner Tiroler Heimat spielen. Charakteristisch ist ihre karge Besetzung: Im *Weibsteufel* und in der *Kindertragödie* treten drei, in Es gar nur zwei Personen auf. Alfred Polgar konnte sich eine diesbezügliche Bosheit nicht verkneifen. Auf eine fiktive Rundfrage »Womit befassen Sie sich derzeit?« ließ er Schönherr antworten: Ich arbeite jetzt an einem ganz komprimierten Dreiakter. Es tritt nur eine einzige Person auf, und die erst im dritten Akt: ein taubstummer Tiroler.

Es hat eine Zeit gegeben, da wollte keine Bühne Schönerrs Werke zur Kenntnis nehmen. Vergeblich schickte er Textbücher an Agenten, Dramaturgen, Theater und Verlage. Nach vielen Enttäuschungen keimte in ihm der Verdacht, dass sie ungelesen retourniert wurden. Zur Probe packte er eine Stange Salami in eine Kartonrolle und schickte sie ins nächstbeste Theater. Prompt bekam er sie wieder zurück. Und mit separater Post folgte der obligate Brief: Sehr geehrter Herr. Mit Interesse haben wir Ihr Stück gelesen. Bedauerlicherweise müssen wir Ihnen jedoch mitteilen, dass es derzeit nicht in den Spielplan unseres Hauses passt.

Schönherr war eine imposante Erscheinung, zwei Meter groß, ein wahrer Hüne wie sein Lärchener Hias. Seine Werke brachte er in einem wahren Schaffensrausch zu Papier, auf winzigen Blättchen in einer fast unleserlichen Stenographie. Und zwar nicht am Schreibtisch, sondern im Bett sitzend, wobei er kurze Bleistiftstummel verwendete. Wenn er einen neuen Stift kaufen musste, schnitt er ihn sogleich in drei oder vier Teile.

Nach der Uraufführung der *Karrnerleut* im Burgtheater machte der dankbare Autor der Hauptdarstellerin Tiny Senders seine Aufwartung. Das Dienstmädchen, das ihn anmelden sollte, kam nach kurzer Zeit zurück: Die gnädige Frau bedauert, sie ist nicht zu Hause. Schönherr schluckte verdutzt und antwortete nach kurzer Schockstarre augenzwinkernd: Dann melden Sie bitte der gnädigen Frau, dass ich gar nicht dagewesen bin.

Im Jahre 1938, Schönherr hatte eben sein Drama *Die Fahne weht* vollendet, kam im Volkstheater ein Stück von Otto Groh mit dem Titel *Die Fahne* zur Aufführung. Schönherr wohnte der Vorstellung bei und langweilte sich von Akt zu Akt mehr. Als nach dem Fallen des Vorhangs der Autor zu ihm in die Loge stolzierte und sich nach seinem Urteil erkundigte, brummte Schönherr: Mein lieber Groh, zwischen meiner Fahne und Ihrer besteht nur ein kleiner Unterschied: Die meine weht, die Ihre hängt hinunter.

Richard Strauss hatte Schönherr angeboten, aus seinem Stück *Glaube und Heimat* eine Oper zu machen. Kommt nicht in Frage, entgegnete der Autor selbstbewusst. Von Ihnen lass ich mir meine Tiroler Bauern net verschandeln.

Wenn irgendwo eines seiner Stücke geprobt wurde, war Schönherr anwesend und mischte sich in die Probenarbeit, indem er den Darstellern vorspielte, wie sie seiner Meinung nach ihre Rollen aufzufassen hätten. Das ging begreiflicherweise allen auf die Nerven, aber aus Respekt vor dem Autor wagten es weder Regisseur noch Darsteller, etwas dagegen einzuwenden. Im Volkstheater wollte Schönherr einem jungen Mimen eine Szene vorspielen, da wurde es dem Regisseur Viktor Kutschera denn doch zu viel. Nein, Karl! Dem darfst nix vormachen, rief er. Das is a Anfänger! Der is imstand und machts wirklich so, wie dus ihm vorzeigst!

Auf einer von Kutschera geleiteten Probe wollte es Schönherr nicht und nicht gelingen, einem Darsteller beizubringen, wo er bei einer gewissen Szene zu stehen habe. Immer ging der Betreffende anderswo hin. Das lag daran, dass Schönherr, der die Richtung nur mit Blicken andeutete, so stark schielte, dass man aus seinen Anweisungen beim besten Willen nicht klug werden konnte. Kutschera löste das Problem, indem er rief: 's linke Aug gilt!

Franz Karl Ginzkey saß am Krankenbett seines Kollegen, als sich Besuch aus dem Unterrichtsministerium einstellte. Ein schwarz gekleideter Herr trat ein, den Zylinder in der linken, eine wappenverzierte Mappe in der rechten Hand. Mit wohlgesetzten Worten überreichte er Urkunde und Geldbetrag eines wohldotierten Literaturpreises. Die ganze Audienz dauerte keine drei Minuten, der Kranke nickte nur und verlor kein Wort. Als der Besucher außer Hörweite war, blickte er Ginzkey von unten herauf zweifelnd an und überlegte: Hätt ich ihm vielleicht doch a Trinkgeld geben sollen?

Von Schönherrs vier Geschwistern traten drei in geistliche Berufe ein. Die Mutter, früh verwitwet, war todunglücklich, als nach einem Sohn auch noch die Tochter die Weihe nehmen wollte. Der Axamer Pfarrer rügte sie deshalb und stellte ihr vor, dass ihr Kind ja Christi Braut würde. Darauf meinte sie lächelnd: Wenn sie eine Braut Christi isch, dann war i ja in Herrgott sei Schwiegermutter!

Als Schönherr im Wiener Zentralfriedhof in einem Ehrengrab beigesetzt wurde, im März 1943, war die Zeit der täglichen Luftangriffe. Die Zeremonie fand am frühen Morgen statt. Frau Malwine musste zu Hause bleiben, weil sie Jüdin war. Die paar Trauergäste zerstreuten sich rasch. Nur drei Schauspieler der Exl-Bühne, der Schönherr die echteste Darstellung seiner Dramen verdankte, blieben zurück um Gräber von Freunden zu besuchen. Da heulten plötzlich Sirenen auf, es gab Fliegeralarm, und die Exl-Leute stürzten in einen improvisierten Luftschutzkeller. Als endlich Entwarnung gegeben wurde war es Mittag. Die drei Tiroler strebten dem Ausgang zu. Noch einmal kamen sie an Schönherrs Grab vorbei. Und dort, war es möglich, zogen Totengräber soeben mit ihrer Winde den Sarg wieder empor. Hatte eine Bombe das Grab getroffen? War ein Klopfen im Sarg hörbar geworden? Machten sich Friedhofsräuber ans schändliche Werk? Nix is, wehrten die Totengräber mit erdverkrusteten Händen alle Verdächtigungen ab. Dem Xandl is beim Abelassen a Schachtel Zigaretten in die Gruben gfalln. Na, und da wird da Herr Schönherr nix dagegen ham, wenn mir uns die jetzt, wo eh niemand da is, wieder holen …

WERNER SCHWAB

1958–1994

Der Brachial-Dramatiker wuchs am Grazer Ruckerlberg in einem Zinshaus auf, das der Großmutter des Rennfahrers Jochen Rindt gehörte. In Wien bezog er eine Wohngemeinschaft mit Janos Erdödy, einem außerehelichen Sohn des ehemaligen Verteidigungsministers Karl von Lütgendorf, am Ottakringer Brunnenmarkt (Payergasse 12). Über der Hauseinfahrt prangt der von ihm verfasste Spruch: Wir werden in die Welt gevögelt und können nicht fliegen.

* * *

Was? Gemalt hat der auch? Adalbert Stifter,
porträtiert von Nicolas Mahler

ADALBERT STIFTER

1805–1868

A dalbert Stifter war der Sohn eines böhmischen Webers, der beim Warenausliefern unter seinem Planenwagen erdrückt wurde. Im Gymnasium bei den Benediktinern in Kremsmünster war er ein Musterschüler, im Aufsatzschreiben immer der Beste. Einmal half er seinem Banknachbarn, einem gewissen Träger, der sich schwertat, und schrieb die Arbeit dann noch einmal für sich. Als der Professor mit den korrigierten Heften in die Klasse kam, verkündete er: Diesmal ist der Träger der erste. Der Stifter hat mir ein bissl zu viel gekünstelt.

In seiner Wiener Studentenzeit litt Stifter so große Geldnot, dass wegen Mietrückständen seine Bude gepfändet wurde, darunter Bett, Matratze, Sessel, Spiegel und sogar der Spucknapf. Spätere Versuche, durch Aktien und Staatsanleihen oder Lotteriespiel Geld zu erwirtschaften, schlugen allesamt fehl. Bei seinem Tod hinterließ er 19.000 Gulden (rund 150.000 Euro) Schulden, das war das Sechsfache seiner jährlichen Pension.

Als Student verdiente Stifter sein Brot mit Privatstunden. Eine Zeit lang war er Hauslehrer in der Familie des Staatskanzlers Metternich. Einmal sollte der Filius eine Rechenaufgabe lösen. Gefragt war, wie viele zwölfkarätige silberne Löffel sich aus sechs Dutzend dreizehnkarätigen herstellen ließen, wenn jene ein Lot schwerer wiegen sollten als diese *. Während der junge Metternich vergeblich rechnete und rechnete, kam die Fürstin hinzu und sagte: Lieber Herr von Stifter, das ist doch nicht so wichtig. Wenn so etwas bei uns vorkommt, schickt uns der Silberschmied die Rechnung und wir bezahlen.

Neben der Malerei pflegte Stifter ein stachliges Hobby: Er züchtete Kakteen. Im Sommer des Jahres 1866, als der Krieg mit Preußen um die Vorherrschaft in Deutschland die Geister trennte, hatte der Verfechter des »sanften Gesetzes« eine Auseinandersetzung mit Sigmund von Handel, der sich von dem Stahlbad einen Vorteil für beide Völker versprach. Als Stifter spätabends in sein Arbeitszimmer zurückkehrte, sah er, dass auf der Fenster-

* Wenn Sie nachrechnen wollen: es sind 78 Stück.

bank eine seiner geliebten Kakteen, eine säulenförmige Ceree, aufgeblüht war. Und gerade der Mann, mit dem er im Streit geschieden war, hatte sich auf das Öffnen der Knospe gefreut! Sollte er es jetzt nicht miterleben, nur weil sie im Streit geschieden waren? So geschah es, dass der Dichter und Schulrat Adalbert Stifter mitten in der Nacht an Handels Haustür klopfte und klingelte: Sigmund! Sie blüht auf! Die große Ceree! Komm schnell!

Stifter war ein richtiger Vielfraß. Allein als Vorspeise vertilgte er ein halbes Dutzend Forellen, noch mehr Krammetsvögel (Wacholderdrosseln) und mehrere Dutzend Krebse. Ein Besucher erzählte, Stifter habe zusammen mit seiner Frau »eine stattliche Gans und einen mächtigen Schinken an einem einzigen Tag aufgegessen«. Von Jugend an trank er Unmengen Alkohol. Aus einem Brief geht hervor, dass sein jährlicher Bedarf acht bis zehn Eimer Tischwein und sechzig bis achtzig Flaschen feineren Weins betragen hat, das sind etwa 620 Liter.

Als Diener beschäftigte Stifter ein Wiener Original mit urwüchsiger Ausdrucksweise. Wenn er am Morgen nach dem Wetter fragte, konnte er hören: Euer Gnaden, ein Nebel, dass man ihn aufs Brot streichen könnte. Und dazu eine so scharfe Luft, dass sich eine Sau daran reiben möchte. Der Mann mit den kräftigen Bildern verfügte aber über keine gleich kräftige Natur. Er starb noch vor seinem Herrn, zu dem er einmal gesagt hatte: Euer Gnaden, prahlen Sie nicht mit Ihrer Jugend. Ich werde noch mit Ihren Knochen die Nüsse vom Baum werfen!

In seinem Haus an der Linzer Donaulände wurde Stifter zu Jahresbeginn 1868 bettlägerig. Er sprach von der Last unfertiger Pläne: Ich glaube, dass die Dinge sich an mir versündigen. Am 28. Jänner, um ein Uhr früh, ergreift er das Rasiermesser, das im Nachtkastl verwahrt ist, und schlitzt sich die Halsschlagader auf. Seine irdische Hülle wurde im Linzer Sankt Barbara Friedhof bestattet. Während der Leichenzug sich dem Grab näherte, begann es zu schneien, »so dicht und reich, dass das schwarze Bahrtuch ganz und gar bedeckt war von dem reinen Gruß des Himmels«. Den Trauerchor dirigierte Anton Bruckner.

Der Titel des letzten Bildes, das Stifter fertig gemalt hat, lautet *Sehnsucht*. Zur hundertfünfzigsten Wiederkehr seines Geburtstags feierte man im Wiener Künstlerhaus den Dichter mit einer Ausstellung. Als der hohe Ministerialbeamte, der die Schau eröffnen sollte, den Ausstellungsraum betrat, stutzte er und stellte verblüfft die Frage: Was, gmalt hat er auch?

FRIEDRICH TORBERG

1908–1979

Torberg war vor seiner Schriftsteller-Karriere ein exzellenter Wasserballer. Im Finalspiel um die tschechoslowakische Meisterschaft erzielte er die beiden Tore zum 0:2-Sieg von *Hagibor Prag* über PTW Pressburg. Wie Torberg hatte sich auch Robert Neumann in seiner Jugend als Wasserballer und Sportschwimmer betätigt. Um diesbezüglichen Rivalitäten vorzubeugen, schlossen die beiden folgendes Gentlemen's Agreement ab: Neumann sei der beste Wasserballer unter den zeitgenössischen Schriftstellern, Torberg der beste Schriftsteller unter den zeitgenössischen Wasserballern.

Nach dem Erfolg seines Pennäler-Romans *Der Schüler Gerber* wurde Torberg von seinem Verleger Paul Zsolnay zum Tee geladen. Die versammelte Verlagsprominenz klopfte ihm gönnerhaft auf die Schultern, kümmerte sich aber weiter nicht um seine Anwesenheit. Da wurde an dem Tisch, an dem der Grünschnabel saß, die Frage aufgeworfen, wie viele Juden es auf der Welt gäbe. Man einigte sich auf zwölf Millionen. Der Romancier Egmont Colerus schüttelte ungläubig den Kopf: Zwölf Millionen? Des is ausgschlossen. Ich allein kenn mehr!

Sein Pseudonym, das sich je nachdem zur Verschleierung oder zum Nachweis seiner Identität eignete, bastelte Torberg aus der Endsilbe seines Vaternamens Kantor und dem Geburtsnamen seiner Mutter Berg. Hätte mein Vater zum Beispiel Rosenblatt geheißen und meine Mutter Gold, erklärte er einem Freund, dann hätte ich mich ... – Dann hätten Sie sich auch Torberg genannt.

Durch den nordischen Klang dieses Namens fühlte sich die Frau des königlich schwedischen Botschafters, die von den Zusammenhängen keine Ahnung hatte, zu der Frage bewogen, ob denn der Herr Schriftsteller vielleicht skandinavischer Herkunft sei, der Name klinge doch zweifellos sehr schwedisch. Kommen Ihre Vorfahren am Ende aus meiner Heimat? – Möglich ist alles, antwortete Torberg verschmitzt. In diesem Fall müsste einer meiner Vorfahren Schiffsrabbiner bei den Wikingern gewesen sein.

```
FREDRICK TORBERG
only
8440, Yucca Trail, Hollywood, Cal.
DRIVE IN FOR A SCRIPT
Try the famois TTT (Torbergs Threedecker Thrillersandwich)!
Broiled B-Pictures on Rye
Boneless Story Breast (European Touch)
Hot Plots                    Gagsburgers
Dialoque Polishing WHILE-U-WAIT
```

Try the famous TTT.
Visitkarte Friedrich Torbergs aus dem Jahr 1941

In seiner geldbedürftigen Frühzeit lieferte Friedrich Torberg dem *Prager Mittag* Literatur- und Sportbeiträge. Doch er stolperte bald über seinen Hang zu schlüpfrigen Assoziationen. Als der amerikanische Schwimmer Peter Fick einen neuen Rekord aufgestellt hatte, schrieb Torberg in Anlehnung an bei solchen Anlässen gebräuchliche Titel wie »Jonny-Weißmüller-Rekord« oder »Neuer Nurmi-Rekord« großspurig »Neuer Fick-Rekord«. Der Chefredakteur hatte dafür kein Verständnis.

Zum Zweck des Gelderwerbs verdingte sich Torberg als Übersetzer, Bearbeiter und Dialogschreiber bei dem Bühnenverleger Georg Marton. Zu seiner nicht geringen Verblüffung wurde der von ihm dialogisierte Stoff an eine französische Filmgesellschaft verkauft. Ihm war klar, dass er als Neuling und Außenseiter bei der Verteilung der Beute am schlechtesten abschneiden werde. Aber der Scheck, den er bekam, lautete dann doch auf eine gar zu karge Summe. Torberg fasste sich ein Herz, ging zu Marton und hielt ihm den Scheck hin: Gyuri, ist das nicht ein bisschen wenig?

Marton nahm seinem Autor den Scheck wortlos aus der Hand, zerriss ihn, schrieb einen neuen auf eine doppelt so hohe Summe aus: Also werde ich dich woanders betrügen, sagte er.

Durch gezieltes Lobbying gelang es Torberg, an den Stammtisch seines Idols Karl Kraus im Cafe *Attaché* zugelassen zu werden. Dort jammerte er über die Wirkungslosigkeit jeglicher Belletristik im Allgemeinen und die Nutzlosigkeit seiner eigenen literarischen Bemühungen im Besonderen. Kraus hörte sich das Lamento geduldig an, versuchte den Jüngeren zu überzeugen, dass es auf die Erfüllung eines höheren Auftrags ankäme, auf die Verantwortung des Schriftstellers vor der Sprache. Torberg beharrte auf seiner Verzweiflung. Aber verstehen Sie doch, Herr Kraus, ich möchte ein nützliches Buch schreiben. Kraus, nach einigen Sekunden vorgetäuschten Sinnierens: Ein nützliches Buch? Wissen Sie was? Schreiben Sie ein Telefonbuch.

Hausdichter der Wiener Kabarettbühne *Der liebe Augustin* war Peter Hammerschlag: kauzig versponnen, weltfremd, aber genial. Torberg ärgerte sich immer wieder über seine Sprachschlampereien, seine lässige Art, mit Reim und Rhythmus umzugehen. Vertrauensvoll überließ Hammerschlag ihm seine halbfertigen Verse zur Korrektur. Als Dank offerierte er dem hilfreichen Kollegen eine Behandlung bei seinem Vater, dem Ohrenspezialisten Viktor Hammerschlag: Wenn du möchtest kriegen eine schöne eitrige Mittelohrentzündung, könnt sich wenigstens der Papa bei dir revanchieren.

Nach jahrelangem Exil war Friedrich Torberg in seine Heimatstadt Wien zurückgekehrt. Achtundvierzig Stunden nach seiner Ankunft traf er den Kollegen Hans Weigel. Torberg führte lebhafte Klage, dass es keine Kaffeehäuser mehr gäbe in der zerbombten Stadt: Wo sitzt man denn jetzt die Nacht hindurch, um auf die Morgenzeitung zu warten? – No, da kannst zum Beispiel ins *Hawelka* gehen, riet Weigel. Ins Hawelka? verwunderte sich Torberg. Aber das hat doch nur bis zwei Uhr früh offen!

Zum Schreiben benötigte der Nachtarbeiter Torberg absolute Ruhe, Einserbleistifte und Bottiche von Kaffee. Auf die Frage, wie er denn bei so viel Kaffeegenuss gesund bleibe, gab er zur Antwort, vom Gesundsein könne er nicht leben, er lebe von seiner Arbeit, dem Schreiben. Und dazu benötige er Kaffee. Ich bin siebzig Jahre, fügte er augenzwinkernd hinzu. Wenn ich keinen Kaffee trinken würde, wäre ich jetzt vielleicht zweiundsiebzig.

Seit dem Übergang vom Sportler- zum Schriftstellerleben litt Torberg infolge Übergewichts an Herz- und Kreislaufbeschwerden. Unvorsichtigerweise ging er zum Arzt, und der verbot ihm prompt schwarzen Kaffee und Zigaretten. Was soll das? fragte er den Doktor. Ich lebe von Kaffee und Zigaretten. Wollen Sie mich umbringen?

Der Karikaturist Rudolf Angerer nahm Torberg im Auto mit. An einer Straßenkreuzung in Währing zeigte die Ampel rot, Angerer musste anhalten. Torberg entdeckte durch die Scheibe auf dem Portal eines Süßwarengeschäfts die Aufschrift Zuckerl-Mayer. Und kommentierte: Sehen Sie, das ist der, der *Des Teuferls General* geschrieben hat.

Torberg liebte es, sich mit attraktiven, jungen Schauspielerinnen in der Öffentlichkeit zu zeigen. Topsy Küppers wollte es genau wissen und fragte eine Kollegin: Na, wie ist er denn so, dein Schriftsteller? Und die schwärmte: Er ist umwerfend! Zuerst gehen wir ins Sacher essen. Dann in die Eden-Bar. Wir trinken Champagner und tanzen cheek to cheek. Dann gehen wir zu ihm ... – Und dann? Was dann? drängte sie. Die Kollegin lächelte geheimnisvoll: Dann liest er mir seine Korrespondenz mit dem Zsolnay Verlag vor.

Empfang des PEN-Clubs im Palais Palffy. An Torbergs Tisch sitzt eine junge Dame, die im tiefen Dekollete ein kleines Bouquet mit frischen Blumen trägt. Der Dame entging nicht, dass Torberg nicht die Augen davon lassen konnte. Das Bouquet gefällt Ihnen wohl? flötete sie. Torberg anzüglich: Ja schon, aber das Mistbeet wäre mir lieber ...

* * *

Ich habe nicht das Recht, mich der Hölle zu entziehen.
Georg Trakl.
Zeitgenössischer Schattenriss

GEORG TRAKL

1887–1914

Georg Trakl war der Sohn eines Salzburger Eisenhändlers. Da er eine akademische Ausbildung haben sollte, aber das Gymnasium nicht schaffte, blieb nur der Apothekerberuf. Während seines dreijährigen Praktikums nahm er Rauschgift und begann zu trinken. Schon nachmittags lungerte er in irgendwelchen Weinstuben herum, meist mit Freunden, und konsumierte mindestens einen Liter Roten. Einer seiner Aussprüche lautete: Ich habe nicht das Recht, mich der Hölle zu entziehen. Einem Freund erzählte er, in einer Oktobernacht habe er zehn Viertel Rotwein getrunken, anschließend auf dem Balkon ein Frostbad genommen und dann »endlich ein herrliches Gedicht geschrieben, das vor Kälte schepperte.«

Trakl hat mehrfach geäußert, dass er außerehelich gezeugt sei und von einem Kardinal abstamme. Ein geheimnisvoller Absender schickte seiner Mutter aus Ungarn bis wenige Wochen nach Georgs Geburt finanzielle Zuwendungen.

Im Herbst 1910 bezog der junge Dichter in Wien im Haus Josefstädter Straße 7, dritter Stock, Tür 19 ein Zimmerchen, »das die Größe eines Klosetts ausmacht«. Dem Bruder Friedrich schrieb er: Im Geheimen befürchte ich darin idiotisch zu werden. Aussicht nehme ich auf einen finsteren, kleinen Lichthof. Wenn man zum Fenster hinaussieht, versteinert man vor Trostlosigkeit.

Nach sechsmonatigem Probedienst als Militärapotheker fand Trakl eine Stelle im Ministerium für öffentliche Arbeit in Wien. Er trat sie am 31. Dezember 1912 an, war zwei Stunden im Büro und stellte am 1. Jänner 1913 das Entlassungsgesuch.

Trakl hatte sechs Geschwister, mit seiner um vier Jahre jüngeren Lieblingsschwester Gretl, die ebenfalls rauschgiftsüchtig war, unterhielt er von klein auf ein inzestuöses Verhältnis, dem ein totgeborenes Kind entsprang. In der ersten Gesamtausgabe wurde aus nahe liegenden Gründen auf das Gedicht *Blutschande* verzichtet, die Briefe an die Schwester hat man systematisch vernichtet. Gretl beging ebenfalls Selbstmord. Sie erschoss sich während einer Abendgesellschaft.

Im ersten Weltkriegsjahr war Trakl Apotheker des Feldlazaretts der Garnison 7/14 in Krakau. Am 4. November 1914 abends instruierte er seinen Offiziersdiener: Um halb sieben bringen Sie mir einen Schwarzen. Dann schluckte er eine Überdosis Kokain. Im Sterberegister ist Dementia praecox als Grundkrankheit angeführt. Der Leichnam wurde im Rakoviczer Friedhof beigesetzt. Trakls Gönner und nimmermüder Helfer Ludwig von Ficker ließ ihn nach Innsbruck überführen und im Mühlauer Friedhof bestatten; jetzt ruht er selbst im Nebengrab.

JOHANNES URZIDIL

1896–1970

Johannes Urzidil stammte aus einer Familie voller Widersprüche. Sein Vater, Bahnbeamter, war ein katholischer deutschnationaler Tscheche, Anhänger von Georg Schönerer. Die Mutter war strenggläubige Jüdin, sie brachte sieben Kinder aus erster Ehe mit. Johannes war ihr achtes Kind. Als siebzehnjähriger Gymnasiast veröffentlichte er im *Prager Tagblatt* unter dem Namen Hans Elmar erste Gedichte.

Urzidil und seine Frau flüchteten vor der Gestapo mit gefälschten Ausweispapieren ohne Geldmittel über Italien und London ins New Yorker Exil. In einem Vulkanfiberköfferchen verwahrten sie ihren einzigen Besitz: eine griechische Homer-Ausgabe, eine Lutherbibel aus dem Jahre 1568, einen eigenhändigen Brief Goethes, die dreibändige Erstausgabe von Stifters *Witiko* und ein Widmungsexemplar von Kafkas *Betrachtung*. Der Cunard-Liner *Georgic* transportierte auf der Seereise über den Atlantik nicht nur das Schriftstellerpaar mit seinen Schätzen, sondern auch das Gold der Bank von England und war das besondere Ziel der Torpedos deutscher Unterseeboote.

* * *

Ich komme aus dem befreiten Österreich. Karl Heinrich Waggerl.
Zeichnung von Herbert Lederer

KARL HEINRICH WAGGERL

1897–1973

D er dreiunddreißigjährige Frühpensionist hatte im Leipziger Insel Verlag seinen ersten Roman *Brot* veröffentlicht. Er war überzeugt, etwas Großartiges geleistet zu haben. Aber der Buchhandel und die Öffentlichkeit nahmen von dem Werk keine Notiz. So beschloss er nachzuhelfen. Er graste alle erreichbaren Sortimenter ab und fragte nach dem Roman. Wenn man ihn dort nicht kannte, lobte er das Buch und gab den Buchhändlern den Rat, sich den Namen des Autors zu merken, es handle sich um ein ganz großes Talent. Zehn Jahre später lagen seine Bücher in allen Auslagen.

Als die deutschen Truppen in Österreich einmarschierten, war Waggerl auf Lesereise in Danzig. Er trat ans Rednerpult und rief mit erhobener Stimme in die Zuhörerschaft: Ich komme also aus dem befreiten Österreich! In der Nazizeit war Waggerl Landesobmann der Reichsschrifttumskammer im Gau Salzburg. Auf dem Domplatz organisierte er die einzige Bücherverbrennung auf österreichischem Boden. Stefan Zweigs Werke verschlang die Flamme ebenso wie die von Vicky Baum, Jakob Wassermann und Carl Zuckmayer. Ein Schüler rezitierte: Ins Feuer werf ich das Buch des Juden – nun folgte der entsprechende Name –, dass es die Flammen fressen wie alles jüdische Geschreibe. Frei erhebe sich, geläutert, der deutsche Geist!

Zehn Monate lang fungierte Waggerl in Wagrain als Bürgermeister. Im Salzburger Cafe *Bazar* prahlte er: Solang nicht alle politischen und militärischen Stellen im großdeutschen Reich von Österreichern besetzt sind, wird alles schief gehen! Die starken Sprüche wurden dem Gauleiter hinterbracht. Der sagte: Dichten, das kann er. Besser dichten als dummes Zeug schwätzen! Und ließ Waggerl dem Militärkommando zuteilen.

Am Ende einer Vorlesungstournee, die ihn nach Bochum geführt hatte, wartete Waggerl auf das übliche Kuvert mit dem Honorar. Doch er wartete vergebens. Also musste er sich an den Veranstalter wenden. Wat? Jeld wollense auch noch? Sie verkaufen doch Ihre Bücher bei uns. Ist das nischt? Na, det näschste Mal denn! Und klopfte ihm begütigend auf die Schulter.

Der Salzburger Markt Wagrain hat zwei Berühmtheiten aufzuweisen: den Ortspfarrer Joseph Mohr, der den Text zu dem Weihnachtslied *Stille Nacht,*

Heilige Nacht verfasst hat, und Karl Heinrich Waggerl. Einmal musste der beliebte Erzähler folgenden Dialog zweier Touristen mitanhören: Also det eine Jrab, det hab ik nu jefunden, det von dem Pastor Mohr. – Und det andere? – Det von dem Waggerl, sare ik dir, det muss janz vasteckt liejen.

Waggerl starb an den Folgen eines von seiner Frau verschuldeten Verkehrsunfalls. Ein Bezirksrichter verurteilte sie dafür zu 8.000 Schilling (580 Euro) Geldstrafe.

JAKOB WASSERMANN

1873–1934

Mit seinen von Dostojewski beeinflussten psychologischen Romanen erzielte Jakob Wassermann hohe Auflagen, die sich günstig auf seine wirtschaftliche Lage auswirkten. Wenn man bedenkt, erzählte er, wo ich herkomme: aus der Armut, aus dem Ghetto, ein Kellerkind, ohne Schuhe, ohne Hemd. Und heute? Heute trag ich Seidenpyjamas wie jedermann!

Obwohl man sich seidene Pyjamas leisten konnte, blieb die Familie sparsam. Vor allem Frau Wassermann verlor nie ganz die Ängstlichkeit, die ehemals armen Menschen lebenslang anhaftet. Thomas Mann war mit seiner Frau bei Wassermanns zum Essen eingeladen. Man wusste, dass nicht allzu viel aufgetischt werden würde. Da aber Thomas Mann sehr an seinem gewohnten starken Kaffee gelegen war, wagte Frau Katja die Bitte, ob nicht wenigstens für ihren Gatten ein Mokka serviert werden könne? Natürlich, natürlich, antwortete Frau Wassermann gereizt. Aber alles hat schließlich seine Grenzen.

Nicht weniger als sechzehnmal hat Wassermann das erste Kapitel des Romans *Der Fall Maurizius* geschrieben. Sechzehnmal? wiederholte Stefan Zweig kopfschüttelnd, als er davon erfuhr. Dafür hätte es dann schon besser ausfallen müssen.

Häufig führen Wassermanns Romane den Namen ihrer Hauptfigur im Titel. Auf dem Höhepunkt seiner Erfolge versuchte sich der Autor an einer

Wer, zum Teufel, ist Columbus? Jakob Wassermann.
Zeichnung von Olaf Gulbransson

Monographie über den Entdecker Amerikas. Der Abstecher wurde im Kollegenkreis wie folgt kommentiert: Merkwürdig, wir alle kennen doch Wassermanns Titelhelden aus dem alltäglichen Leben. Ich selbst bin mit dem *Christian Wahnschaffe* in die Schule gegangen. *Laudin und die Seinen* hab ich heuer in der Sommerfrische getroffen. Meine Schwester war mit *Renate Fuchs* befreundet. Kurz und gut, man weiß bei Wassermann immer, wen er meint. Aber wer, zum Teufel, ist Columbus?

Nach einer Einladung wurde Wassermann gebeten, zum Abschluss des gelungenen Abends eine Eintragung ins Gästebuch vorzunehmen. Der Schriftsteller zog sich zurück und dachte nach. Nachdenken und Eintragung nahmen geraume Zeit in Anspruch, die Gastgeber warteten freudig gespannt. Schließlich erschien Wassermann und überreichte das Gästebuch. Die Eintragung lautete: Nach längerem Nachdenken Jakob Wassermann.

Wassermann starb sechzigjährig in Aussee. Die Schikanen des Naziregimes hatten die Gesundheit des zuckerkranken und schwer herzleidenden Schriftstellers untergraben. Von Geldschwierigkeiten geplagt, hatte er in Holland, um die Kosten eines Hotelzimmers zu sparen, in einer ungeheizten Garage übernachtet. Der Herzanfall, der ihn zuletzt niederstreckte, bewahrte ihn vor dem Hungertod.

HANS WEIGEL

1908–1991

Hans Weigel hatte die Liedtexte zu Ralph Benatzkys Operette *Axel an der Himmelstür* geschrieben. Der Schmachtfetzen *Gebundene Hände* wurde zum Ohrwurm, der einem in jenen Tagen, als das Radio populär zu werden begann, überallhin nachkroch. Eines Nachts besuchte Weigel mit Freunden das Cafe *Dobner* an der linken Wienzeile. Kaum hatten die Gäste sich niedergelassen, schon intonierte der Barpianist die Gebundenen Hände. Dann kam auch noch der Ober mit dem aufgeschlagenen Gästebuch. Die Eintragung, mit der er es wieder an sich nahm, lautete: »Gebundene Hände – das wünscht Ihnen H. W.«

Nach dem Krieg scharte Weigel die junge Literatengarde im Cafe *Raimund* gegenüber dem Volkstheater um sich, stiftete Literaturpreise, die vom kleinen Mokka bis zum Paar Frankfurter (das war schon ein Nobelpreis) reichten, und versuchte mit nie versiegender Überzeugungskraft, mit Drohungen und Bitten die Aufmerksamkeit der Verleger und des Publikums auf sie zu lenken. Als er mit seinen Schützlingen ins Wiener Rathaus strömte, wo Bürgermeister Theodor Körner die Jungdichter mit Wein und

Ärztlich attestierte Kurzsichtigkeit. Hans Weigel.
Zeichnung von Bugatti

Zigaretten verwöhnte, prägte er die merkwürdigen, auf das Phlegma der Kulturbürokratie gemünzten Worte: Gegen Gallert kann man nicht treten. Es bleibt keine Spur darin zurück!

Als Theaterkritiker war Weigel infolge seiner Unbestechlichkeit gleichermaßen beliebt wie gefürchtet. Eine ebenso nette wie ahnungslose Schauspielerin äußerte einmal: Ich versteh das nicht. Da sitzt man Abende lang mit ihm im Cafe und dann verreißt er einen! Mit seinen aggressiven Kritiken wird er sich selbst einmal schaden, war die Meinung vieler, die seine bissigen, meist haarscharf zutreffenden Kritiken lasen. Als man ihm diese Befürchtung hinterbrachte, meinte Weigel gelassen: Von dem Schaden hab ich mir mein Haus in Maria Enzersdorf gebaut.

Nach einer Aufführung von Christopher Frys Komödie *Das Dunkel ist Licht genug* lauerte die Burgschauspielerin Käthe Dorsch Weigel vor dem Cafe *Raimund* auf, beschimpfte ihn als Dreckskerl und Dreckfink und verabreichte ihm links und rechts pitschpatsch zwei schallende Ohrfeigen. Nach dickem Lob für die gepflegte Sprachkunst der Dorsch hatte Weigel bemängelt: »Alles, was gestaltet, erlebt sein sollte, blieb Ansatz, Andeutung – wie Stars oft auf Verständigungsproben sind oder bei der 300. Vorstellung«. Es kam zum Prozess, in dessen Verlauf der als Zeuge einvernommene Raoul Aslan mit angemessenem Pathos die Todesstrafe für Weigel forderte. Verurteilt wurde dann aber die Dorsch (Verteidiger: Christian Broda, der spätere Justizminister) zu einer Geldstrafe von 500,– Schilling, im Nichteinbringungsfall drei Tage Arrest.

Es missfiel Weigel, dass im Radiosender Ö 3 immer nur Schlager mit englischen Texten gespielt wurden. Mit zornbebender Stimme rief er den Kundendienst an und beschwerte sich. Man sicherte ihm zu, mehr Lieder mit deutschen Texten zu spielen. Und so geschah es. Drei Wochen vergingen. Dann erfolgte ein neuer Anruf beim Kundendienst. Und zwar mit der Bitte, wieder auf englische Texte umzusteigen.

Der Kritikerpapst speiste mit dem Zeitungszaren Hans Dichand im Restaurant. Zum Nachtisch bestellte er Kaiserschmarrn. Herr Weigel, wunderte sich Dichand, Sie essen Kaiserschmarrn? Wo doch jeder weiß, dass Sie gegen die Monarchie sind. – Kaiser in Verbindung mit Schmarrn, replizierte Weigel, das geht.

In irgendeiner treudeutschen Zeitung hatte Weigel einen Artikel veröffentlicht des Inhalts, wie wichtig es wäre, dass auch Antisemiten ihre Ansichten in aller Ruhe zum Ausdruck bringen dürften. Friedrich Torberg schäumte: Ich versteh diesen Weigel nicht. Wo immer er einen arischen Hintern sieht, ist es ihm sofort ein Bedürfnis, möglichst tief hinein zu kriechen. Am Tisch saß Ernst Haeusserman, der Halbjude war: Bei mir, lächelte er mild, ist er auf halbem Weg stecken geblieben.

Auf den populären Opernführer Marcel Prawy war Weigel, warum auch immer, nicht gut zu sprechen. Einmal saß er mit einer Bekannten im Cafe *Falstaff* gegenüber der Volksoper. Ein stattlicher, gut aussehender Herr betrat das Lokal und grüßte höflich, bevor er einen Tisch wählte. Der Gruß wurde ebenso höflich erwidert. Nachdem der gut aussehende Herr außer Hörweite war, fragte Weigel seine Begleiterin: Wer ist denn der Herr, den wir da jetzt gegrüßt haben? – Das ist der Doktor Prawy. – Was? Der Prawy? Weigel begann in seiner Aktentasche zu wühlen. Nachdem er gefunden hatte, was er suchte, sprang er auf, eilte an Prawys Tisch und knallte ihm ein Papier hin: Das sind ärztliche Atteste, die bescheinigen, dass ich extrem kurzsichtig bin. Nur so konnte es passieren, dass ich Sie gegrüßt habe!

In den Redaktionen der Zeitungen, die Weigel belieferte, war er nicht nur wegen der brillanten Formulierungen seiner Kritiken geschätzt, sondern vor allem auch wegen deren pünktlicher Lieferung. Weigel tat sich nicht wenig darauf zugute. Wenn ich mein Manuskript für 12 Uhr versprochen habe, prahlte er, und es ist um 12.01 noch nicht da, können Sie schon die Parte aufsetzen lassen.

Das Fernsehen machte es möglich, dass ganz Österreich sehen und hören konnte, was ein bekannter literarischer Selbstdarsteller an der Bahre des Dahingeschiedenen Literaturpapstes mit bebender Stimme von sich gab: O du liaba Hans Weigel, / mia ham alle rotgwante Äugel.

* * *

Josef Weinheber.
Karikatur von Karl Heinrich Waggerl,
am 24. Jänner 1938
auf eine Zigarettenschachtel gekritzelt

JOSEF WEINHEBER

1892–1945

Auf dem Semmering fand ein großdeutsches Dichtertreffen statt. Gönnerhaft wandte sich der nahezu allmächtige Reichsminister für Volksaufklärung und Propaganda Doktor Joseph Goebbels, der sich gern als Schirmherr der Künstler preisen ließ, an den von den Nazibonzen hofierten Lyriker: Sagen Sie mir, Professor, was könnte ich tun, um die Kultur in der Ostmark zu fördern? Weinheber musterte den Reichsminister nachdenklich, dann brummte er im Brustton der Überzeugung: In Ruah lassen, Herr Minister, nur in Ruah lassen!

Weinheber hatte den Odenband *Zwischen Göttern und Dämonen* veröffentlicht. Nach einer Lesung in der Volkshochschule Ottakring gratulierte ein Kollege: Schön wars, Peperl, Schön, aber halt ein bisserl hoch fürs Publikum. – Ah was, antwortete Weinheber. Hab i mi plagt wie is gmacht hab, so solln die Leut sich beim Zuhören aa plagn!

Im privaten Kreis hatte Weinheber den atemlos lauschenden Freunden eine seiner Oden vorgelesen. Nach angemessenem ehrfürchtigem Schweigen bat Hans Giebisch, promovierter Germanist und angesehener Dichter, er möge sie wiederholen, weil er sie nicht ganz verstanden habe. Weinheber griff begütigend nach der Hand seines Bewunderers und schmunzelte: Mach dir nix draus, Hans. I verstehs selber net.

Bei einem Künstlerempfang im Gauhaus am Ring kam er mit dem Reichsstatthalter Baldur von Schirach ins Gespräch, der sich selbst als Verseschmied betätigte (»Trommle, Bube, trommle gut, unsre Äcker saufen Blut«). Der vertrat die Ansicht, das antike Versmaß eigne sich nicht für die deutsche Sprache und lege ihr eine Zwangsjacke an. Warum soll i deutschen Wein net in den Becher des Horaz gießen? replizierte Weinheber. Und von der Zwangsjacke wolln wir in unsern Zeiten lieber net reden!

Weißt du eigentlich wie Weinheber auf griechisch heißt? fragte ein Bewunderer, mit dem er über Sprache und Wortkunst diskutierte. Die Frage hatte eine unerwartete Wirkung. Wannst mei Freund bist, dann darfst es niemandem verratn. Waast, i vertragat des net, wenn mi die Leut damit frozzeln. (Weinheber heisst im Griechischen Siphon.) Stell da vor, mi nennat ana Sodawasser. Dem miassat i glei ane einehaun!

Zum achtzigsten Geburtstag Gerhart Hauptmanns gab's im Burgtheater eine Festvorstellung von *Florian Geyer*. Weinheber hatte einen Prolog beigesteuert. In der Pause wurde er zu Hauptmann in die Loge gebeten. Der zog den Kollegen an sich, nahm dessen Kopf in beide Hände und küsste ihn auf die Stirn. Der solcherart Ausgezeichnete verließ mit knallrotem Kopf die Loge und stammelte: Jetzt hab i des Gfühl ghabt, da Goethe hätt ma a Bussl gebn.

Beim Einmarsch der roten Armee schluckte Weinheber eine Überdosis Morphium. Auf einer Zigarettenschachtel fand Hedwig Weinheber die letzten von seiner Hand geschriebenen Worte: Es ist nicht schwer. Er wurde im Garten seines Landhauses in Kirchstetten beigesetzt. Drei Tage später kamen Sowjetsoldaten mit einem Foto und fragten: Gde Faschiste Professor? Erst als sie den Hügel mit der frisch aufgeworfenen Erde durchwühlt hatten und auf den Sarg stießen, glaubten sie an Weinhebers Tod.

ERNST WEISS

1882–1940

J ahrelang zahlte Stefan Zweig Monatsrenten an weniger erfolgreiche Kollegen wie Joseph Roth oder Ernst Weiß. Im Pariser Exil traf Hermann Kesten Weiß auf einem Spaziergang in den Tuilerien. Zweig war gestern bei mir, erzählte Weiß. Er stieg bis in den sechsten Stock zu meiner Dachkammer hinauf und bat mich, ihm aus meinem neuen Roman vorzulesen. Dann schenkte er mir achthundert Francs. – Wunderbar. Davon können Sie drei Monate leben! – Ja, sagte Weiß. Aber haben Sie Zweigs Roman gelesen? Lauter Lesefrüchte! Ich habe eine meiner Figuren bei Zweig in leicht beschädigtem Zustand wiedergefunden. – Und? Haben Sie ’s ihm gesagt? – Natürlich. Er lachte und riet mir, ihm zu schreiben, wenn ich wieder Geld brauche. Das werde ich tun, sagte ich ihm. So komme ich wieder zu dem Meinen.

Ernst Weiß war ein unglücklicher, misstrauischer Mensch, schroff und ungeduldig. Sein armseliges Hotelzimmer in Paris war eine Mönchszelle: Kein Bild an den Wänden, nichts, das es hätte wohnlich machen können. Am Tag des Einmarschs der Deutschen nahm er ein tödlich dosiertes Schlafmittel (vierzig Veronal), legte sich in die Badewanne und schnitt sich die Pulsadern auf. Er misstraute sogar sich selbst und sicherte sich doppelt.

Mit seinem tschechischen Pass hätte Weiß nach Portugal entkommen können. Anna Seghers hat in dem Roman *Transit* sein Schicksal beschrieben. Weiß trägt in dem Roman den Namen Weidel. Ein junger Monteur rettet das letzte Manuskript des Selbstmörders. Was nicht in dem Roman steht: Es hat tatsächlich ein solches Manuskript gegeben, einen Hitler-Roman, der nach dem Krieg in New York auftauchte und posthum unter dem Titel *Der Augenzeuge* veröffentlicht worden ist.

Doppelt gesicherter Selbstmord. Ernst Weiß.
Zeichnung von Adolf Hoffmeister

FRANZ WERFEL

1890–1945

Franz Werfel war der Sohn eines jüdischen Handschuhfabrikanten, dessen Firma Filialen in Prag, London, Glasgow, Brüssel und Berlin hatte. Das einzige, verwöhnte Söhnchen arbeitete zunächst als – nein, war zunächst Kontorist. Stundenlang konnte er Löcher in die Luft starren, ohne eine Hand zu rühren, bis endlich die Uhr das Ende der Bürozeit anzeigte. Als er einmal mit einem Packen Fakturen, die ihm zur Kontrolle vorgelegt wurden, nichts anzufangen wusste, beförderte er sie kurzerhand an ein verschwiegenes Örtchen am Ende des Korridors.

Werfel war begeisterter Opernliebhaber, besonders Verdi hatte es ihm angetan. Gern verbrachte er seine Abende in den Balkonlogen befreundeter Prager Millionäre. Die Logeninhaber waren davon nicht sonderlich begeistert, denn ihr Gast hatte die Angewohnheit, alle Arien, Duette und Finali halblaut mitzusingen. Nach einem gelungenen Opernabend fragte Werfel die Gattin eines Industriellen, ob er, bittschön, am nächsten Dienstag wieder in ihrer Loge erscheinen dürfe. Gegenfrage: Was spielt man denn am Dienstag? Werfel: *Rigoletto*. – Dann kommen Sie nur, sagte die Logeninhaberin. In *Rigoletto* haben wir Sie noch nicht gehört.

Franz Werfels Drama *Juarez und Maximilian* hatte in Berlin Premiere. Nach der Aufführung kam der Schauspieler Paul Morgan in den Bühnenclub. Wie war es? bestürmten ihn die versammelten Mimen. Großartig, erwiderte Morgan. Und in Anlehnung an jenes klassische Caesar-Zitat, das jeder Lateinschüler im Schlaf hersagen kann: Alea jacta est – der Werfel hat gefallen!

Über die Uraufführung seines Dramas *Spiegelmensch* berichtete die *Wiener Allgemeine Zeitung*: Das Stück hatte einen geradezu ungeheuren Erfolg. Es war ein Abend, wie ihn die Annalen des deutschen Theaters kaum zu verzeichnen haben! Und zwei Tage später: Das Stück fand eine freundliche Aufnahme, die nicht ohne Widerspruch blieb. Man empfand das bedeutende Werk vom Bühnenstandpunkt als zu sehr belastet von philosophischen Problemen.

Verheiratet war Werfel mit Alma Mahler, der Witwe des Hofoperndirektors, die einen legendären Ruf als Haustyrannin hatte. Mit großer

In Rigoletto haben wir Sie noch nicht gehört. Franz Werfel.
Zeichnung von Ludwig Meidner

Energie verstand sie es, ihrem Franzl alle Unbilden des Alltags, etwa Steuerbehörden, Verhandlungen mit knausrigen Verlegern oder beharrliche Briefpartner vom Leib zu halten. Egon Jacobson, Redakteur der *Berliner Zeitung*, besuchte ihn in Wien in der Villa auf der Hohen Warte. Nachdem die literarischen Themen abgehandelt waren, wollte Jacobson von Werfel wissen, wie er über die politische Lage denke. Werfel zuckte die Achsel: Tja, ich weiß nicht recht ... Dann stand er auf, ging zur Tür, öffnete sie und rief ins Nebenzimmer: Almschi, Liebling, komm bitte herüber. Der Herr Redakteur will meine Meinung wissen!

Werfel war einer der wenigen Schriftsteller, denen auch in der Emigration der Erfolg treu blieb. Sein *Lied von Bernadette* war als Buch und als Film ein Renner, und die Komödie *Jacobowsky und der Oberst* lief lange am Broadway. Allerdings hatte das amerikanische Publikum Mühe, den komplizierten Namen auszusprechen. An der Theaterkasse verlangte ein Besucher zwei Karten für Jacobowsky und ... und ... ich weiß nicht, wie heißt dieser zweite Boy?

Es war das erste Stück, das Werfel in englischer Sprache schrieb, und die Arbeit ging dementsprechend mühsam voran. Als er bereits an der vierten Version arbeitete, stöhnte er: Ich kann aus einer Zwiebel keine Rose machen. – Das ist auch nicht nötig, sagte Frau Alma, es genügt, wenn die Zwiebel möglichst gut riecht.

Franz Werfel war ein überaus starker Raucher, er hat sich richtiggehend zu Tode geraucht. Gegen alle ärztlichen Verbote pofelte er, obwohl seine Herzanfälle immer häufiger und heftiger auftraten. Mit sechsundfünfzig Jahren machte sein Herz nicht mehr mit.

Dreißig Jahre nach seinem Tod wurden die sterbliche Überreste aus der Erde Hollywoods ausgebuddelt und nach Wien geflogen. Als Adresse hatte das Bestattungsunternehmen den Sitz der Gesellschaft für Literatur in der Wiener Herrengasse angegeben. Wolfgang Kraus, deren Leiter, staunte nicht schlecht, als die für ein Ehrengrab im Zentralfriedhof bestimmte Holzkiste mit den Knochenresten in seinem Büro abgegeben wurde.

* * *

Zacharias Werner.
Stich von Johann Baptist Sonderland

ZACHARIAS WERNER

1768–1823

Die napoleonischen Kriege waren geschlagen, auf dem Wiener Kongress wurde Europa neu aufgeteilt. Zu den gesellschaftlichen Attraktionen der Zeit zählten die Predigten von Zacharias Werner, der sich mit dem Schicksalsdrama *Der 24. Februar* einen Namen gemacht hatte. Einmal berichtete er den Gläubigen auf drastische Weise von dem »kleinen Stückchen Fleisch«, das so viel Unglück über die Welt gebracht habe. Er wurde nicht müde, die verhängnisvollen Wirkungen dieses menschlichen Organs in immer neuen Bildern, Andeutungen und Vergleichen zu schildern. Soll ich es euch nennen, dieses Stückchen Fleisch? rief er von der Kanzel hinunter. Entsetztes Schweigen. Soll ich es euch zeigen? Totenstille. Da, seht her, da ist es, rief er und reckte – die Zunge heraus.

Nachdem er als Autor zu Erfolg und Ansehen gelangt war, hielt Werner sich eine eigene Kalesche, auf deren Schlag der Anfangsbuchstabe seines Namens, ein kunstvoll stilisiertes Z angebracht war. Die Kunde von diesem Einfall drang bis nach Weimar, wo der alte Goethe schmunzelnd erklärte: Z ist sehr treffend. Der letzte Buchstabe im Alphabet. Er bedeutet: nichts dahinter.

* * *

BILLY WILDER
1906–2002

Billy Wilder stammte aus einer Familie von Gastwirten und Hoteliers. Die Großmutter betrieb ein koscheres Bahnhofsrestaurant in Galizien. In seinem Taufschein steht der Vorname Samuel. Im Jahr 1933 flüchtete Wilder vor den Nazis nach Amerika und änderte seinen Vornamen in Billy. In Hollywood lebte er in überaus beengten Verhältnissen, oft gabs nicht mehr als eine Dose Suppe am Tag. An einer Wand seines winzigen Studios am Wiltshire Boulevard hatte er ein Hitlerbild angebracht. Wenn Besucher ihr Entsetzen darüber zeigten, beruhigte er: Das hab ich da hergehängt gegen Heimweh.

Kein Filmpreis genießt in Hollywood, wenn auch oft zu Unrecht, so wenig Ansehen wie der Oscar für den besten ausländischen Film. Stefan Ruzowitzky hat letzthin einen bekommen. Als Billy Wilder mit den Dreharbeiten zu *Sunset Boulevard* begann, wies er seinen Kameramann an: Johnny, immer etwas unscharf und leicht verwackelt. Ich möchte unbedingt den Oscar für den besten ausländischen Film gewinnen.

Nobody is perfect. Billy Wilder.
Holzschnitt von Loren Kantor

Wilder wurde 96 Jahre alt. Die letzten drei Jahre seines Lebens verbrachte er im Rollstuhl. Über den Tod sagte er: »Ich habe vor dem Sterben keine Angst. Das einzige ist, dass ich dort drüben viele Leute treffen werde, die ich nicht mag.« Selbst die letzte Stunde seines Lebens wusste er pointiert zu kommentieren: Ich habe vor, sagte er, 104 Jahre alt zu werden. Dann möchte ich von einem eifersüchtigen Ehemann erschossen werden, der mich mit seiner jungen Frau im Bett erwischt hat. Der witzige Drehbuchschreiber und Regisseur liegt im Westwood Memorial Park unweit von Beverly Hills begraben. In seinen Grabstein eingemeißelt sind die legendären Schlussworte seines Films *Manche mögen's heiß*: Nobody is perfect.

* * *

ANTON WILDGANS

1881–1932

In wirtschaftlich schweren Zeiten war Anton Wildgans als Direktor ins Burgtheater eingezogen. Einer der ersten, die sich vorstellen kamen, war der große Raoul Aslan. Er wünschte mehr Gage. In wohlgesetzter Rede erläuterte Wildgans ihm die trostlose finanzielle Situation der Bundestheater und ging so sehr ins Detail, dass Aslan schließlich gelangweilt abwinkte. Davon verstehe ich nichts, Herr Doktor, sagte er in seinem berühmten Nasalton. In Geldfragen bin ich ein Kind. – Mag sein, Herr Aslan, seufzte Wildgans. Aber ein armenisches Kind. Die Ära Wildgans stand unter keinem guten Stern. Die Kassen waren leer, von allen Seiten wurde interveniert, kritisiert und intrigiert. Entnervt warf er das Handtuch. Ich bin die einzige Wildgans, seufzte er, für die es keine Schonzeit gibt.

Für das Foyer des Burgtheaters sollte Wildgans sich nach altem Brauch porträtieren lassen. Er beschied einen anerkannten Akademieprofessor zu sich. Nachdem man sich über das Pekuniäre geeinigt hatte, sagte Wildgans abschließend: Also, mit leichter Anlehnung an Goethe, nicht wahr? Die Sitzungen begannen. Nachdem der Professor das Porträt skizziert hatte, nahm er es mit ins Atelier, um ihm den letzten Schliff zu geben. Endlich bat er Wildgans zu sich. Stolz präsentierte er sein Werk, bereit, das erwartete Lob einzuheimsen. Der Porträtierte prüft sein Konterfei, erst neugierig, dann ratlos, schließlich zweifelnd: Sehr schön, wirklich schön. Aber sagen Sie, Professor, sieht das nicht Gerhart Hauptmann ähnlich? Darauf der Maler, gekränkt: Was wollen Sie? Sie haben doch selbst gewünscht, dass ich Sie als Goethe porträtiere!

Wildgans wohnte in Mödling, für die Fahrten nach Wien benutzte er die Bahn. Manchmal begleitete ihn sein Sekretär Albert Drach, der ja gleichfalls Mödlinger war. Einmal geschah es, die beiden Herren verplauderten sich, trafen verspätet am Bahnsteig ein und hätten zweifellos den Zug versäumt – wenn der nicht ebenfalls Verspätung gehabt hätte. Gott sei Dank, strahlte Wildgans, auf etwas kann man sich in Österreich verlassen: auf die Unpünktlichkeit. Auf Drachs Einwand, was er denn gesagt hätte, wenn die Bahn rechtzeitig abgefahren wäre, schmunzelte er: Dann hätt ich gesagt: Nicht einmal auf die Unpünktlichkeit kann man sich verlassen.

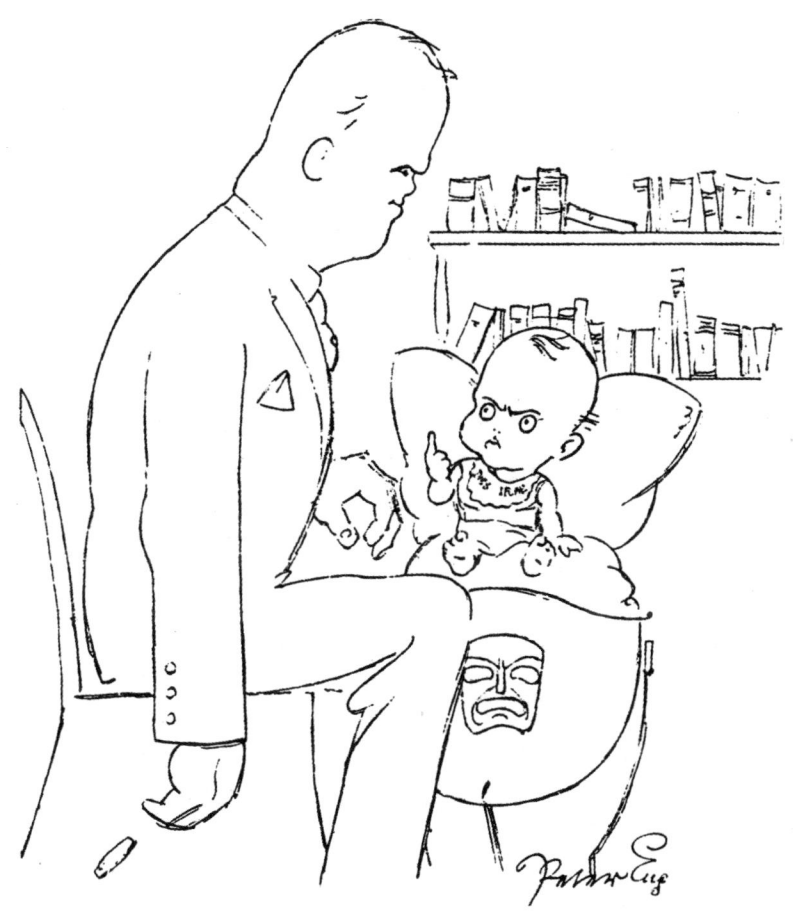

Anton Wildgans mit seinem geistigen Kind Dies irae.
Karikatur von Peter Eng

Mönichkirchen in der Buckligen Welt bildet den landschaftlichen Hintergrund seines Epos *Kirbisch*, und dort schrieb Wildgans den größten Teil seiner Werke. Aber nicht allein zum Dichten zog er sich in die beliebte Sommerfrische zurück. Im vertrauten Kreis bezeichnete er den Ort in Anspielung auf Ciceros behaglichen Landsitz als sein Coitusculum.

* * *

Haben Sie nie von der schottischen Heiligen Winnetou gehört?
Carl Zuckmayer, porträtiert von Mirko Szewczuk

CARL ZUCKMAYER

1896–1977

Ihrer gemeinsamen Liebe zu Karl May gaben Zuckmayer und seine Frau Alice damit Ausdruck, dass sie ihre Tochter Winnetou nannten. Es war nicht leicht, dem Beamten im Berliner Standesamt diesen ungewöhnlichen Namen beizubringen. Winnetu? Nie jehört, kenn ik nich! Zuckmayer belehrte ihn mit überlegener Miene: Was? Sie haben nie von der schottischen Heiligen Winnetou gehört? Dazu schüttelte er missbilligend den Kopf. Nee, sagte der Beamte. Ik bin evanjelisch.

Ein nach Parfum duftendes Brieflein landete auf Zuckmayers Schreibtisch. In schwärmerischem Ton bewarb sich eine Verehrerin als Sekretärin. Sie sei bereit, betonte sie, alles, aber auch wirklich alles für ihn zu tun. Frau Alice Zuckmayer konnte es sich nicht verkneifen, der Schreiberin zu antworten, sie tue selbst alles für ihren Mann. Und wenn ich alles schreibe, dann meine ich auch wirklich alles.

Nach dem Erfolg des Lustspiels *Der fröhliche Weinberg* erstand Zuckmayer mit seiner Frau die romantische Wiesmühl in Henndorf am Wallersee. Hier entstanden die Stücke *Schinderhannes*, *Katharina Knie* und *Der Hauptmann von Köpenick*. Franz Theodor Csokor und Ödön von Horvath werkten zeitweilig in dem Gästehäuschen. Einen Tag nach dem Einmarsch der Nazis ergriff Zuckmayer die Flucht. An der italienischen Grenze wurde er wie alle Fahrgäste aus dem Zug geholt. In weiser Voraussicht hatte er sich sein Eisernes Kreuz an die linke Hemdbrust geheftet und schlug vor den Zöllnern den Mantel zurück. Was geschah? Die Nazis nahmen Haltung an vor der Auszeichnung und ließen ihn weiterreisen.

In Zürich betrat Zuckmayer mit Freunden ein elegantes Restaurant. Gerade wollte man Platz nehmen, da erklärte der Ober mit hochgezogenen Brauen und herablassender Stimme: Pardon, die Herren. Dieser Tisch ist reserviert. Zuckmayer sah ebenso herablassend auf den Ober und sagte: Gut. Stellen Sie ihn weg und bringen Sie einen anderen.

Als Farmer in Vermont hatte Zuckmayer Probleme damit, auf seinem Hof Schlachtungen durchzuführen. Um es sich leichter zu machen, gab er dem Vieh die Namen von Nazigrößen. Hitler, Himmler, Goebbels und den feisten Göring zu schlachten, erleichterte ihm das blutige Geschäft.

Viele einst anerkannte und bekannte Autoren hatten durch die Flucht aus der Heimat nicht nur ihre Verleger, sondern auch ihre Leser verloren. Der Wiener Buchhändler Peter Thomas Fischer hatte in New York einen bookshop eröffnet und zu einer Art Kaffeehaus-Ersatz umgestaltet. Unter den Vertretern der Exilliteratur, die sich dort zusammenfanden, erschien eines Tages Carl Zuckmayer. Ich habe gestern ein Exemplar Ihrer *Magdalena von Bozen* nach Chicago verkauft, begrüßte ihn Fischer. Zuckmayer wusste sofort Bescheid: Ja, an Frau Malwine Popper, sagte er. Denn die emigrierten Autoren kannten nicht nur ihre Leser, sondern auch ihre Käufer.

Im Burgtheater gab es bald nach dem Einzug ins wiederhergestellte Haus am Ring eine der traditionelle Direktionskrisen. Adolf Rott trat ab, und als Nachfolger hätte man gern Zuckmayer gesehen. Als Ernst Haeusserman, der schließlich das Rennen machte, den Wunschkandidaten fragte, ob er den Posten übernehmen würde, erhielt er die Antwort: Lieber setz ich mich mit dem nackten Hintern in einen Ameisenhaufen.

* * *

STEFAN ZWEIG

1881–1942

Stefan Zweig war einer der fleißigsten und erfolgreichsten Autoren der Zwischenkriegszeit. Mit Biographien über historische Persönlichkeiten gewann er Weltruhm. Wenn er schrieb, ging er voll und ganz in seinem Thema auf. Während der Arbeit an der Monographie über *Marie Antoinette* besuchte ihn in seiner Salzburger Dichterklause auf dem Mönchsberg das Ehepaar Zuckmayer, das im nahen Henndorf lebte. Die Männer zogen sich alsbald zum Fachsimpeln zurück. Auf der Heimfahrt fragte Frau Alice: Was hat er denn erzählt? – Nichts besonderes, antwortete Zuckmayer, den neuesten Tratsch aus der französischen Revolution.

Die hohen Auflagen seiner Bücher hatten Zweig nicht nur reich, sondern auch berühmt gemacht. Immer wieder wurde er eingeladen, öffentliche Lesungen zu veranstalten. Er lehnte ab mit der Begründung: Bei meiner letzten Vorlesung musste ich bemerken, wie ein Zuhörer heimlich seine Uhr aus der Tasche zog, um nach der Zeit zu sehen. Das war die erste Warnung. Wenige Augenblicke später sah ich, dass ein anderer Zuhörer nicht nur seine Uhr betrachtete, sondern sie sogar ans Ohr hielt, um festzustellen, ob sie vielleicht stehen geblieben sei. Das hat mir ein für alle Mal genügt.

Als eingefleischter Wiener schätzte Zweig starken Kaffee, er trank unmittelbar nacheinander fünf bis sieben Tassen. Einmal saß er im sonnigen Vorgarten eines Kaffeehauses am Berliner Kudamm. Der Ober wunderte sich nicht schlecht, als er sah, wie der Gast das ihm servierte Gebräu behutsam neben sich auf einen Stuhl stellte. Auf die diskrete Frage, was das zu bedeuten habe, erklärte Zweig: Er ist so schwach, dass er sich erst ausruhen muss.

Zweig war leidenschaftlicher Autographen-Sammler. Zu seinen Schätzen zählten die Bäsle-Briefe, die Mozart an seine Augsburger Cousine geschrieben hatte (er empfahl sie Sigmund Freud zum Studium für seine Schüler). Außerdem besaß er ein Jugendtagebuch von Goethe, die Originalhandschrift von Johann Nestroys Posse *Höllenangst*, ein Manuskriptblatt Kafkas und nahezu alle eigenhändigen Gedichte von Rimbaud. Ein Gedicht, das ich jahrzehntelang liebte, schwärmte er, zum ersten Mal in der Urschrift

Neuester Tratsch aus der französischen Revolution. Stefan Zweig.
Holzschnitt von Frans Masereel

zu sehen, erregt in mir ehrfürchtig religiöses Gefühl; ich getraue mich kaum es zu berühren.

Seine Flucht vor den braunen Horden führte Zweig über London bis ins ferne Petropolis. Kurz vor seinem Selbstmord vertraute er einem Freund an: Jetzt verstehe ich, was mir ein russischer Emigrant gesagt hat: Früher hatte der Mensch nur einen Körper und eine Seele. Heute braucht er auch noch einen Pass. Die brasilianische Regierung ließ ihm die Ehre eines Staatsbegräbnisses zuteil werden.

* * *

LITERATUR:

Hans Bankl, Wie oft fluchte der Pharao? Von Leuten, die Geschichte machten. Wien 2003

Ernst Bruckmüller (Hg), Personenlexikon Österreich. Wien 2001

Geza von Cziffra, Der Kuh im Kaffeehaus. München-Berlin 1981

Stefan Dietrich, Maos Atem, Rossinis Tränen, Zürich 2003

Wilhelm Donnhofer, Altwiener Anekdotenschatz. Wien 1949

Milan Dubrovic, Veruntreute Geschichte. Wien-Hamburg 1985

Robert Engele / Christian Penz, Kramasuri. Das umfassende Handbuch des Steirerwissens. Wien-Graz-Klagenfurt 2007

Willi Fehse, Der blühende Lorbeer. Ebenhausen 1953

Werner Fuld, Das Lexikon der Fälschungen, Lügen und Intrigen. Frankfurt a. M. 1999

Gottfried Heindl, Und die Größe ist gefährlich. Wien 1969

Heribert Hoffmeister, Anekdotenschatz. Berlin 1957

Michael Horowitz, Artmann. Wien 2001

Lina Loos, Das Buch ohne Titel. Wien 1953

Wolf Martin, Den Nagel auf den Kopf getroffen. Die stärksten Sprüche aus der Kronen Zeitung. Graz-Stuttgart 1996

Jürgen Neckam, Das merkwürdige Leben der Literaten. St. Pölten-Salzburg 2006

Anton Neumayr, Dichter und ihre Leiden. Wien-München 2000

Heinrich Raab, Deutsche Dichteranekdoten. Berlin 1943

Karl Rauch, Die Anekdote. Esslingen 1953

Roda Roda erzählt. Berlin 1933

Rainer Schmitz, Was geschah mit Schillers Schädel? Alles, was Sie über Literatur nicht wissen. Frankfurt a. M. 2006

Hermann Schreiber, Die allerletzten hundert Jahre oder Erschreckend transparentes Literatur-Brevier. Wien 1972

Jürgen Serke, Böhmische Dörfer. Wanderungen durch eine verlassene literarische Landschaft. Wien-Hamburg 1987

Herta Singer, Humor und Hamur. Wien 1962

Bartel F. Sinhuber, Die Wiener Kaffeehausliteraten. Wien 1993

Christian Stich, Der Autorenabend. Zürich 1953

Friedrich Torberg, Die Tante Jolesch. München 1975

Friedrich Torberg, Die Erben der Tante Jolesch. München 1978

Johannes Twaroch, Literatur in Anekdoten. Wiener Neustadt 1978

Johannes Twaroch, Österreichischer Anekdotenschatz. Berndorf 2014

Johannes Twaroch, Typisch Österreich. Wien 2003

Johannes Twaroch, Total indiskret. Künstler – Könner – arme Schweine. Mödling 2011

Hartmut Vollmer (Hg), Unser täglich Gift. Oldenburg 2003

Hans Weigel, In Memoriam. Graz 1979

Heinz Wittmann, Anekdoten von Dichtern. Krems 1978

NAMENVERZEICHNIS

Johannes Twaroch
ÖSTERREICHISCHER
ANEKDOTENSCHATZ
Von Altenberg bis Zilk

ISBN: 978-3-99024-280-3
Format: ca. 17 x 23 cm
Seiten: 256
Preis: € 24,90

Österreich ist eine Brutstätte für Originale, Käuze und sonstige witzige Persönlichkeiten, aber auch so manch Großer in unserer Geschichte hat das eine oder andere „Hoppala" erlebt, das uns heute noch zum Schmunzeln, ja zum Lachen bringt. Johannes Twaroch, lange Jahre Journalist und Literaturchef von Radio NÖ, der wahrscheinlich Genaueste und Beste, wenn auch nicht der Berühmteste seiner Zunft, legt hier eine beeindruckende Anekdotensammlung vor.

Johannes Twaroch, geb. 1942 in Weleschin / Südböhmen, studierte Germanistik, Kunstgeschichte und Kunsterziehung; war langjähriger Leiter der Literaturabteilung des ORF-Landesstudios Niederösterreich, Vorsitzender der Arbeitsgemeinschaft Literatur im Niederösterreichischen Bildungs- und Heimatwerk. Twaroch ist Mitglied des PEN-Clubs und des Österreichischen Schriftstellerverbandes. Veröffentlichungen: Gedichte, Dramen, Hörspiele, literaturkundliche Arbeiten.

Ein Buch, mit dem Sie sich genüsslich zum Schmökern zurückziehen können. Das sie aber ihren Freunden nicht vorenthalten sollten. Auch zum Protzen am Stammtisch geeignet.

Buchreport

WEITERE BÜCHER VON JOHANNES TWAROCH

Typisch Österreich. Literatur in Anekdoten
224 Seiten / ISBN 3-85002-500-4

Zum Glück gibt's Österreich. Treffendes
Vom Barock bis zur Jahrtausendwende
224 Seiten / ISBN 3-85002-523-3

Das österreichische Kuriositätenkabinett.
Ein ABC nutzlosen Wissens
190 Seiten / ISBN 978-3-8000-7279-8

Totel indiskret. Künstler – Könner – arme Schweine
124 Seiten / ISBN 978-3-902300-62-1

Österreichischer Anekdotenschatz
Von Altenberg bis Zilk
254 Seiten / ISBN 978-3.99024-280-3

Fragen Sie Ihren Buchhändler !

PRESSESTIMMEN:

Eine Fundgrube für witzige Weisheiten, von einem ebenso belesenen wie gutgelaunten Kenner pointiert zu Papier gebracht.

Dietmar Grieser

Alle Stilerfordernisse der Anekdote, Präzision und plastische Prägnanz des Ausdrucks sind hier souverän erfüllt.

Die Furche

Das Buch zitiert, was schon alles behauptet wurde, geht aber derart verschmitzt vor, dass man aufpassen muss und soll, damit man nicht einem Aufsitzer aufsitzt.

Ex libris

Der Autor wechselt geschickt und unauffällig die thematische Schiene, sodass immer wieder frisches, Neugier erregendes Terrain ergründet wird.

Literarisches Leben

Johannes Twaroch bringt das Kunststück zusammen, dass sich die Texte über lange Strecken ohne Ermüdungserscheinungen genießen lassen.

Gottfried Pixner

Eine philosophische Hausapotheke für gute Laune

Die Furche

Anekdotensammlungen gibt's viele, oft haben sie einen langen Bart. Die hier aufgespießten sind nicht nur spaßig, sondern Großteils neu oder gut erfunden.

Publicum

Johannes Twaroch nimmt die Leser mit auf eine kurzweilige Reise quer durch die österreichische Geschichte. Freudsche Versprecher treffen hier auf verbale Fehlleistungen und internationale Missverständnisse.

Extradienst

ABSOLUTES ENDE